# Le  rire du prédicateur

MIROIR DU MOYEN ÂGE

# LE RIRE DU PRÉDICATEUR
# RÉCITS FACÉTIEUX
# DU MOYEN ÂGE

Textes traduits
par Albert Lecoy de la Marche

Présentation, notes et annexes
par Jacques Berlioz

BREPOLS

MIROIR DU MOYEN ÂGE
Collection dirigée par Patrick Gautier Dalché

Cet ouvrage forme la réédition revue et corrigée de *L'Esprit de nos aïeux. Anecdotes et bons mots tirés des manuscrits du XIIIe siècle*, par A. Lecoy de la Marche, Paris : C. Marpon & E. Flammarion, Éditeurs, [1888]. Cette réédition est accompagnée d'une présentation, de notes et d'annexes par Jacques Berlioz, ancien membre de l'École française de Rome, chargé de recherches au Centre national de la recherche scientifique (Paris).

Illustration de couverture :
*Berthold de Ratisbonne prêchant en plein air. dessin à la plume, colorié. Vienne, Österreisch Nationalbibliothek, cod. 2829 (1444/1447), f° 1.*
Le franciscain Berthold de Ratisbonne (vers 1210-1272) fut un prédicateur réputé, particulièrement en Allemagne du sud, où il attirait des foules immenses. Ses sermons — riches de descriptions concrètes et de récits exemplaires — firent grande impression sur ses contemporains. Provocant (il apostrophait durement ses auditeurs), charismatique (à l'écoute d'un sermon, une prostituée tomba morte « transpercée par ses mots »), Berthold donna volontiers à ses paroles un ton apocalyptique ou prophétique.

© 1999 BREPOLS ☙ PUBLISHERS

2ᶜ édition revue et augmentée
Tous droits de traduction, d'adaptation et de reproduction
(intégrales ou   partielles) par tous procédés réservés pour tous pays.
D/1999/0095/30

Dépôt légal deuxième trimestre 1999
ISBN 2-503-50243-1
Imprimé en Belgique

# LE RIRE DU PRÉDICATEUR

Au XIIᵉ et surtout au XIIIᵉ siècle, l'Église se sent comme une forteresse assiégée. Le développement des villes, où les habitants sont mal encadrés par des curés succombant à la tâche (voire inexistant), l'ampleur de l'hérésie mani-chéenne, la montée de mouvements contestataires comme les Vaudois, font que l'Église, pour survivre, doit réagir et s'adapter. Un seul mot d'ordre : mieux être comprise des masses qu'elle entreprend de convertir.

## Faire rire pour convaincre

Pour ce faire, il faut prêcher. S'adresser au peuple des campagnes et des villes en parlant son langage, en évitant les arguties théologiques, ou plutôt en expliquant le dis-cours moral, trop souvent compliqué, par des exemples, par des anecdotes, par des comparaisons comprises par tous. Ce sera le rôle des récits exemplaires (en latin *exempla*, au singulier *exemplum*) dont les prédicateurs truffent dès lors leurs sermons quand ils s'adressent aux laïcs « illettrés » (comme les qualifient les prédicateurs eux-mê-mes), aux hommes et aux femmes dont les connaissances religieuses sont rudimentaires. Ces propagateurs de la foi ont un antécédent illustre et fondateur : Jésus Christ lui-même ne s'exprima-t-il pas par paraboles? Et comme le dit le dominicain Humbert de Romans dans son *Traité de l'instruction des prédicateurs* : « Le prédicateur est la voix du Christ en ce monde ». Ces récits, les prédicateurs les empruntent aux vies de saints, aux chroniques, aux bestiaires. Mais aussi à la vie quotidienne des puissants comme des humbles. D'où la mise en scène dans ces *exempla* d'un Moyen Âge vivant, réel, concret.

Pour tenir en haleine un auditoire souvent dissipé et instable, voire contestataire (on en trouvera d'éloquents exemples tout au long de cet ouvrage), le prédicateur a deux solutions. La première est d'enseigner par la crainte, en évoquant les horreurs futures de l'enfer, en insistant sur la vengeance divine, sur les tourments infligés aux pécheurs, tant sur terre que dans l'au-delà. La seconde est de convaincre, non sans ruse, par le rire, ou du moins par le sourire. Car, comme le dit Lecoy de la Marche dans sa Préface : « [...] les contemporains de saint Louis, en particulier, n'avaient nullement l'humeur triste et sévère qu'on a trop souvent prêtée aux populations du Moyen Âge ». Que l'on pense aux fabliaux, ces « contes à rire en vers » (Joseph Bédier), qui connaissent un très vif succès de la fin du XIIᵉ au début du XIVᵉ siècle. Que l'on pense au *Roman de Renart*, qui unit rire et satire sociale. Les populations paysannes enrichies qui envahissent aux XIIᵉ et XIIIᵉ siècles les villes apportent avec elles leur folklore. Ainsi à Arras, le *Jeu de la Feuillée* d'Adam de la Halle (mort vers 1285), représenté en juin 1276 sous le patronage de la Carité Notre-Dame des jongleurs et des bourgeois de la ville, est un psychodrame carnavalesque dont les participants jouent des scènes de leur vie quotidienne. Et en transformant les anciens rites de fertilité villageois, la ville fait au XIIIᵉ siècle de Carnaval la preuve de sa vitalité et de sa richesse. En instaurant, en début de carême, une interruption provisoire de tout le système officiel avec ses interdits et ses barrières hiérarchiques, en instaurant rituellement une « seconde vie » (Mikhaïl Bakhtine) fondée sur le principe du rire régénérateur et le comique du « monde à l'envers », incarnés dans la fête, Carnaval est le creuset d'une véritable culture urbaine. Si l'Église tient à contrôler ce rire, à en fixer la mesure, elle cherche aussi à l'utiliser à son profit. L'auteur de la *Compilation particulière de récits*, recueil très sollicité dans la présente anthologie, met en avant le délassement dû à l'écoute de récits exemplaires. Le dominicain Jean Gobi, au début du XIVᵉ siècle, déclare dans le prologue de son recueil d'*exempla*, *L'Échelle du ciel*, que « notre esprit paraît attiré vers le ciel par le fait qu'il prend plaisir aux récits et aux *exempla* des saints ». Bref, il ne peut y avoir d'*exemplum* ennuyeux puisque sa fonction même est de rompre la monotonie du sermon. Le chanoine Jacques de Vitry, qui associe l'« édification » à la « récréation » demande sans ambages d'employer un récit exemplaire quand le public, fatigué et tombant d'ennui, se met à somnoler. Il ajoute : « Croyez-en mon expérience : je prononçais un jour un sermon et je voyais la multitude du peuple s'ennuyer et sommeiller ; une toute petite parole, et la voilà ragaillardie et prompte à m'écouter. Grâce à l'*exemplum*. » Et si le prédicateur doit éviter la grossièreté, les plaisanteries grasses et les allusions obscènes, il lui faut adroitement manier comique et humour.

## Des recueils de récits pour les prédicateurs

Bientôt ces récit sont rassemblés en recueils. Les prédicateurs n'ont guère en effet le temps de rechercher chacun les anecdotes qui leur conviennent. Il leur faut disposer rapidement de récits frais. Ce sont, comme l'on pouvait s'y attendre, les professionnels de la prédication que sont les membres des ordres mendiants (dominicains et franciscains) qui élaborent les premiers des recueils destinés spécialement à l'usage des prédicateurs. le plus important est celui du dominicain Étienne de Bourbon (mort vers 1260), le *Traité des diverses matières à prêcher* qui regroupe près de 3000 récits et comparaisons, sans parler des citations bibliques ou d'auteurs patristiques et des raisonnements d'ordre scolastique. Avant lui, le chanoine augustin Jacques de Vitry (mort en 1240) avait rédigé des recueils de sermons modèles comportant un grand nombre de récits exemplaires. Et les cisterciens avaient déjà composé des recueils d'*exempla*, à usage surtout interne, il est vrai. Ces recueils, organisés tout d'abord selon un ordre logique (les dons du Saint Esprit pour le traité d'Étienne de Bourbon) le sont dès la fin du XIII^e siècle selon l'ordre alphabétique de rubriques, de mots-clés. Nombre de ces traités seront traduits en langue vulgaire, surtout au XV^e siècle, et gagneront un public généralement aristocratique. Pour bien comprendre la portée des récits qui y sont contenus, il faut imaginer le prédicateur en train de préparer son sermon et désireux d'y inclure des anecdotes exemplaires. Il va dans la bibliothèque de son couvent, se dirige vers le « banc » où se trouve enchaînés (par crainte du vol) les recueils d'*exempla*, et recopie les récits qui l'intéressent. S'il en a le courage, il compose à son propre usage un petit recueil qu'il emportera partout avec lui.

Longtemps ces récits ont été méprisés par les historiens qui les jugeaient naïfs et sans grand intérêt documentaire : comment prêter foi à des anecdotes par trop invraisemblables? Les spécialistes du latin médiéval — les philologues — leur reprochaient leur latin rude et trivial. Or ces *exempla* sont précieux pour étudier les croyances imposées aux fidèles, tout comme pour cerner les modèles qui devaient entraîner de leur part un changement de comportement. Ainsi voit-on se multiplier au cours du XIIIᵉ siècle les récits destinés à pousser vers la confession individuelle, rendue obligatoire une fois l'an au moins à son propre curé, par le concile de Latran IV, en 1215. Les *exempla* apportent aussi des renseignements — involontairement — passionnants sur la culture des laïcs et sur la vie quotidienne. Et ils sont particulièrement précieux pour étudier les traditions « folkloriques » du Moyen Âge.

Depuis les années 1970, les études sur ces récits exemplaires, sous l'impulsion de chercheurs tels que Jacques Le Goff, Jacques Monfrin, Jean-Claude Schmitt, Carlo Delcorno ou Rudolf Schenda, se sont multipliées. Les éditions des plus grands recueils sont achevées ou en cours. Un répertoire des *exempla* a été réalisé en 1969 par Frederic C. Tubach. Un « Trésor des *exempla* », vaste index informatisé, est en cours d'élaboration à Paris. Mais on ne saurait oublier les amples travaux des chercheurs du siècle dernier qui ont, non sans courage, affirmé tout l'intérêt de ces récits. Et parmi eux, le grand médiéviste que fut Albert Lecoy de la Marche (1840-1897) dont est réédité ici l'un de ses meilleurs ouvrages, paru en 1888 sous le titre évocateur mais aujourd'hui quelque peu désuet : *L'Esprit de nos aïeux. Anecdotes et bons mots tirés des manuscrits du XIIIᵉ siècle.* Utilisant les importants dossiers qu'il avait réunis en étudiant la prédication en France au XIIIᵉ siècle,

A. Lecoy de la Marche proposa en effet à un public qu'il
souhaitait le plus large possible la traduction du latin de
plus de cent cinquante récits exemplaires. Une partie
importante des textes originaux latins ne bénéficie d'ailleurs toujours pas d'une édition critique! Sur le grand
érudit que fut A. Lecoy de la Marche, nous renvoyons le
lecteur en fin de volume (Annexe II), où est proposé un
aperçu de sa carrière et de son œuvre scientifique.

## D'Étienne de Bourbon à Bernard Gui

La source principale de Lecoy de la Marche (près de la
moitié des récits) est le *Traité des sept dons du Saint
Esprit* d'Étienne de Bourbon. Né autour des années 1185-
1190 à Belleville-sur-Saône (Rhône), Étienne se forme à
Mâcon puis à Paris ; il entre en 1233 au plus tard chez les
dominicains. S'ouvre alors pour lui une intense période
d'activité missionnaire et inquisitoriale. Les axes de son
action s'articulent autour du couvent dominicain de Lyon
et de la région lyonnaise (la Dombes, le Beaujolais) et se
portent vers le Forez et le Massif Central, la Bourgogne et
la Champagne, la Savoie et le Piémont, ainsi que vers le
Valentinois. Avec des incursions dans le sud, en Roussillon, et au nord, à Toul. Vers 1250, il se retire dans son
couvent de Lyon pour rédiger, dix ans durant, un volumi-
neux recueil d'anecdotes morales, fruit de ses lectures et
de son expérience personnelle.

Près de trente récits sont empruntés aux *Sermons pour
les jours ordinaires* de Jacques de Vitry. Né vers 1165,
dans le nord-est de la France, celui-ci étudie à Paris et est
titulaire de la cure d'Argenteuil. Vers 1210, devenu chanoine de l'ordre de saint Augustin, il réside à Oignies
(dans l'ancien diocèse de Liège) ; il y est directeur spirituel
d'une mystique, Marie d'Oignies, dont il écrira plus tard
la biographie. Il prêche la croisade albigeoise et la cinquième croisade. Évêque de Saint-Jean d'Acre en 1216, il
revient une première fois en Occident vers 1222-1223,
puis en 1226. Peu après il résigne son évêché et devient,
en 1229, cardinal-évêque de Tusculum. Il meurt en 1240.
Bien qu'auteur d'une histoire de la chrétienté en deux par-

ties (l'*Histoire orientale* et l'*Histoire occidentale*) qui fut remarquée, c'est grâce à son talent de prédicateur qu'il acquiert en Occident une célébrité immédiate et durable. Lucide et savant, ironique et mordant, moraliste et conteur, Jacques de Vitry s'affirme comme un des plus éminents prédicateurs de la première moitié du XIII<sup>e</sup> siècle. Plus de quatre cents de ses sermons nous sont parvenus, dont cette série de « Sermons pour les jours de la semaine et pour n'importe quel jour ordinaire » dont Lecoy de la Marche a tiré profit.

À part sensiblement égale (vingt-huit récits) vient un recueil original et encore peu connu (il n'est toujours pas édité) : la *Compilation particulière de récits exemplaires* (*Compilatio singularis exemplorum*). Ce recueil a été composé par un dominicain originaire d'Angers à la fin du XIII<sup>e</sup> siècle. Ce frère prêcheur a fait des études de théologie à Paris ; il a séjourné au couvent de Chartres et est allé en Terre sainte. Il a transmis de précieuses anecdotes sur les grands personnages, princes, évêques (comme l'évêque de Paris Guillaume d'Auvergne), seigneurs qu'il a connus ou dans l'entourage desquels il a vécu.

A ces trois grandes sources, Lecoy de la Marche ajoute un grand nombre de récits restés — sauf exception — inédits et donc seulement lisibles en langue originale dans les manuscrits de la Bibliothèque nationale à Paris. Les meilleurs prédicateurs du XIII<sup>e</sup> siècle sont sollicités, comme Maurice de Sully, Pierre de Poitiers, Robert de Sorbon, Ranulphe de la Houblonnière, Thomas de Cantimpré, Pierre de Limoges et enfin l'inquisiteur Bernard Gui. Il serait fastidieux de présenter un par un tous ces personnages ici. Mais le lecteur trouvera des informations biographiques dans les notes placées en fin de volume, et accompagnant chaque récit. Ajoutons que Lecoy de la Marche a également extrait des anecdotes de recueils de sermons anonymes.

Il est temps de partir, sous la houlette d'un érudit qui savait faire partager son savoir, à la rencontre des prédicateurs du XIII<sup>e</sup> siècle, de leur public, et surtout du rire médiéval.

Jacques Berlioz

## Note sur la traduction d'Albert Lecoy de la Marche

Nous n'avons corrigé qu'à de rares reprises la traduction de Lecoy de la Marche. Outre la normalisation des majuscules selon l'usage actuel, nous avons en règle générale remplacé les citations latines que l'érudit avait laissées parfois dans le texte (notamment les citations en vers) par la traduction qu'en proposait en note Lecoy de la Marche, ou lorsque celui-ci n'en donnait pas, par la nôtre. Il faut signaler que Lecoy de la Marche a souvent omis de traduire précisément le préambule donnant l'indication des sources qu'utilisait le prédicateur : c'est le cas pour Étienne de Bourbon. De plus, Lecoy a souvent plus adapté que traduit littéralement. Le chercheur devra donc se reporter au texte latin dont la référence est donnée dans les notes, en fin de volume.

Nous avons fait précéder chaque partie d'une courte présentation. Le titre de la première partie « Le clergé séculier » a été remplacé par celui d'« Évêques et curés ».

Les notes d'A. Lecoy de la Marche ont été reportées en fin de volume. Nous les avons complétées, et le cas échéant, corrigées. Elles fournissent pour chaque *exemplum* l'indication de sa source, les éléments nécessaires à sa compréhension et une courte bibliographie.

Une bibliographie complémentaire sur les récits exemplaires, la prédication au XIIIᵉ siècle et le rire au Moyen Âge est fournie en Annexe I, en fin de volume.

J. B.

# PRÉFACE

La composition de ce petit livre a été pour moi un délassement au milieu de travaux plus sérieux; je souhaiterais que sa lecture produisît le même effet sur les personnes qui l'entreprendront.

En tout cas, elle leur montrera, par des spécimens d'un genre tout nouveau, ce qui faisait le passe-temps et la joie de nos pères, ces intarissables conteurs, ces auditeurs toujours affamés d'histoires. Elle leur apprendra que les contemporains de saint Louis, en particulier, n'avaient nullement l'humeur triste et sévère qu'on a trop souvent prêtée aux populations du Moyen Âge. Ils avaient, au contraire, le rire beaucoup plus facile que nous, parce qu'ils étaient moins blasés. Leurs plaisanteries étaient quelquefois naïves, jamais amères; leurs railleries même étaient sans fiel. Ils avaient, en un mot, cette sérénité, cette jovialité *sui generis* que procure au croyant la paix de la conscience, au voyageur la vue claire de son chemin et de son but.

On trouvera un peu de tout dans ce recueil factice : anecdotes morales ou amusantes, légendes merveilleuses, satires, boutades, saillies, enfin tout ce qui se racontait sous le manteau de la vaste cheminée, aux longues heures de la veillée, ou sous les voûtes ogivales de l'église, durant l'heure unique, tout aussi longue parfois, du sermon familier. Et cependant ces petits morceaux sont rattachés entre eux par des liens étroits et présentent, malgré leur diversité apparente, une triple unité : tous sont des récits ou des canevas de récits verbaux ayant pour but de recréer ou de réconforter l'esprit du peuple; tous sont tirés de manuscrits contemporains et de collections spéciales, jusqu'à présent inédites ou même inexplorées; tous, enfin, remontent au XIIIᵉ siècle, qui fut l'âge d'or des conteurs comme beaucoup d'autres choses.

On peut les ramener à deux types principaux. Le premier genre appartient à tous les temps et à tous les pays. Il fait partie de ce fonds de traditions populaires qui date de l'enfance du monde, qui se retrouve à la fois au berceau des civilisations de l'Orient et de l'Occident, et qui a passé de là dans l'antiquité grecque et romaine, puis dans les littératures modernes, comme une preuve permanente et perpétuellement renouvelée de la communauté d'origine des races humaines. Malgré leur banalité, ces vieux contes sont pour l'histoire littéraire d'un prix infini. Ils nous révèlent que Perrault, La Fontaine, Molière n'ont pas toujours inventé, et qu'ils se sont bornés souvent à recouvrir d'une broderie splendide des canevas presque aussi anciens que l'univers, sur lesquels avait déjà travaillé l'imagination fertile du Moyen Âge.

La seconde catégorie, trop peu nombreuse, se compose de traits empruntés à la vie réelle, aux événements de l'époque, aux bruits publics. Celle-ci présente un intérêt majeur, sur lequel il est inutile d'insister. Elle nous montre en déshabillé, pour ainsi dire, la société tout entière, depuis les plus grands personnages jusqu'aux plus petits. Rien d'instructif et d'inattendu, pour notre génération soi-disant démocratique, comme de voir la liberté et le sans gêne avec lesquels, sous le régime de droit divin, on traitait les princes, les seigneurs, les bourgeois, les clercs. Ces derniers sont loin d'être ménagés dans les historiettes du treizième siècle. Toutefois il ne faut pas perdre de vue que la plupart des traits mordants dirigés contre eux leur ont été décochés par leurs propres confrères, dans l'unique but de les corriger. Ils ne portaient donc pas atteinte au respect professé à leur égard par la société séculière, et quelques pointes inoffensives lancées à l'adresse des moines ne sauraient égarer non plus l'opinion du lecteur moderne sur la valeur et le mérite de l'institut monastique. D'ailleurs, ces petites malices sont amplement compensées par les anecdotes édifiantes mises à l'actif du clergé par les mêmes auteurs. Les unes et les autres ont pour nous un avantage précieux : c'est de nous faire connaître une quantité de détails curieux sur la vie ou le caractère de certains hommes d'Église nominativement désignés. Ainsi la figure du célèbre Guillaume d'Auvergne, évêque de Paris, nous apparaît sous un jour nouveau, et des plus sympathiques, lorsque nous voyons sa brusque franchise, son esprit, ses façons familières à la cour.

Il en est de même pour la société civile. À côté de quelques traits d'un intérêt général, il s'en trouve d'autres qui éclairent d'une lumière étonnante l'histoire intime de Philippe Auguste ou de saint Louis. Quoi de plus typique, et en même temps de plus réjouissant, que les saillies sans nombre attribuées au premier ? Quoi de plus digne d'admiration que les traits de justice, de bonté, de sens politique dont on fait honneur au second ? Tout cela n'est pas également authentique, sans doute ; mais tout cela est l'écho de l'opinion publique du temps et l'opinion ne se formait pas plus qu'aujourd'hui sans fondement ni raison. Les anecdotes concernant les chevaliers, les croisés, les bourgeois, les paysans sont de petits tableaux de mœurs pris sur le vif, et non moins dignes, par conséquent, de l'attention de l'historien. Quant à celles dont les femmes sont les héroïnes, elles sont plus piquantes encore, mais peut-être aussi plus fantaisistes. Il est facile, toutefois, de faire, en les lisant, la part de l'exagération et celle de la vérité.

Les prédicateurs du treizième siècle auraient appelé ce volume un *livre d'exemples*. En effet, la plupart de nos historiettes, amplifiées, délayées par eux, les aidaient, comme il a été dit, à réveiller l'attention de leur auditoire, suivant la tactique de Démosthène, et à montrer comment la vertu est toujours récompensée, le vice toujours puni. Ne voulant pas faire de sermon, ce qui serait, d'ailleurs, un mauvais moyen d'attirer le lecteur, je leur ai simplement emprunté cet appât magique, aussi puissant sur les grands enfants que sur les petits, en laissant la partie la plus nourrissante de leur discours pour des estomacs plus robustes que ceux d'aujourd'hui ; en un mot, je leur ai pris le sucre, et j'ai mis de côté la pilule.

Les recueils de modèles rédigés par le cardinal Jacques de Vitry et par le dominicain Étienne de Bourbon, dont j'ai autrefois signalé l'intérêt et publié des extraits en latin ([1]) et quelques autres sermonnaires qu'on trouvera cités à la fin de chaque morceau, m'ont fourni la moisson la plus abondante. Mais j'ai aussi mis à contribution deux ou trois manuscrits anonymes composés uniquement d'anecdotes populaires, dont le principal est conservé à la bibliothèque de Tours; et ceux-là contiennent peut-être les spécimens les plus jolis, en même temps que les plus riches en substance historique.

Dans les traductions que j'ai dû faire, j'ai suivi pas à pas le texte original, m'imposant la règle d'en calquer, pour ainsi dire, le langage simple et les tournures familières. Cependant j'ai cherché à donner plus d'animation et de lucidité au récit en remplaçant, à l'occasion, le style indirect par le dialogue ou le discours direct, et certains mots trop laconiques par un membre de phrase expliquant la pensée de l'auteur. C'est ce qu'on faisait, du reste, sur une bien plus grande échelle quand on développait verbalement ces thèmes écrits. Les orateurs « dilataient » leurs histoires; je me suis tout au plus permis de les éclaircir.

Je dois pourtant m'accuser d'avoir inventé les rubriques placées en tête de chacune d'elles. Mais il en fallait, et les manuscrits ne m'en fournissaient pas. J'ai cherché, du moins, à mettre en vedette, dans ces titres, la signification morale de l'anecdote ou la particularité qui en fait le principal intérêt. Il fallait aussi, pour s'y reconnaître, des numéros d'ordre et une division méthodique. La plus simple était encore celle qui a été adoptée dans les anciens recueils d'exemples, et qui répond aux différentes classes sociales. J'ai donc rangé tous ces extraits d'origine diverse par catégories de personnes : une première concerne le clergé séculier; une seconde, les moines; une troisième, les rois et les reines; une quatrième, les seigneurs et les chevaliers; une cinquième, la bourgeoisie et le peuple; une sixième, les femmes en général; une septième et dernière, les écoliers et leurs maîtres.

---

1. *La chaire française au Moyen Âge*, ouvrage couronné par l'Institut. Paris, Renouard, 1885, in-8° (2ᵉ édition); *Anecdotes historiques, légendes et apologues tirés du recueil inédit d'Étienne de Bourbon*, publiés pour la Société de l'histoire de France. Paris, Renouard, 1877, in-8°.

J'aurais pu allonger mon travail en rapprochant des versions que j'ai reproduites certaines variantes plus ou moins connues, certains contes populaires les rappelant de près ou de loin et pouvant quelquefois révéler la filière par laquelle elles sont venues jusqu'à nous. Mais je laisserai le soin d'établir ces instructives comparaisons aux maîtres de l'histoire littéraire, et je me permettrai, en attendant, de renvoyer le lecteur aux recherches particulières faites dans cet ordre d'idées par M. Gaston Paris, M. Gaidoz et plusieurs autres de mes savants confrères, ainsi qu'aux notes de mon édition partielle d'Étienne de Bourbon.

Après avoir étudié le treizième siècle sous ses faces les plus importantes, politique, sociale, littéraire, artistique, je serai peut-être excusable de l'envisager aujourd'hui sous un aspect moins sérieux. La légèreté, d'ailleurs, n'est ici qu'apparente. Sous les plaisanteries se cachent souvent les fortes pensées; dans les distractions favorites d'un peuple se trahit son esprit tout entier. Or, je défie tout homme impartial, je défie même tout adversaire des idées du Moyen Âge, qui aura la patience de lire attentivement ces amusements écrits, de ne pas éprouver à tout le moins, en face de la haute moralité qui s'en dégage, un mélange indéfinissable d'étonnement et de respect : l'étonnement du philosophe moderne devant l'exhumation d'un monde qu'il ne comprend plus; le respect de l'esprit fort qui se découvre en entrant dans une cathédrale.

Albert Lecoy de la Marche

# CHAPITRE I

# ÉVÊQUES ET CURÉS

*Les prédicateurs du XIIIᵉ siècle, souvent
issus des ordres mendiants, hésitent entre deux
attitudes envers le clergé séculier (de l'archevêque au curé). S'ils admirent certains prélats
(comme Foulques de Marseille ou Guillaume
d'Auvergne), dont ils rapportent à l'envi les
bons mots, ils n'hésitent pas à pourfendre la
médiocrité, la crédulité ou la vaine ambition de
certains curés.*

## 1. *Maurice de Sully et sa mère.*

L'évêque de Paris, Maurice de Sully, venait d'être promu
à l'épiscopat. Quand elle en eut reçu la nouvelle, sa mère,
qui était une pauvre femme, se rendit aussitôt dans la
capitale et descendit chez un riche bourgeois. « Je suis la
mère de l'évêque, lui dit-elle, et je viens pour voir mon
fils. »

Alors son hôte la fit revêtir de riches atours et la
conduisit en grande cérémonie à l'évêché. On avertit
Maurice que sa mère était là. Mais, en l'apercevant dans
ce pompeux appareil, il s'écria :

« Ma mère? cette femme? Je ne la reconnais nullement.
Celle-ci est riche, elle est noble, elle est jeune. Or, je sais
parfaitement que j'étais le fils d'une pauvre paysanne sans
prétention aucune, qui n'a jamais connu la toilette. Celle-
là, si je la voyais, je la reconnaîtrais tout de suite. »

La malheureuse, abasourdie, alla bien vite quitter ses
beaux habits, et revint ensuite trouver son fils, vêtue de
son costume habituel. Cette fois, il l'accueillit avec hon-

neur, la combla d'égards et lui témoigna la plus vive tendresse.

### 2. *Conversion et pénitence de Foulques de Marseille.*

Foulques de Marseille, évêque de Toulouse, se convertit,
comme il est dit dans la *Somme des Vices et des Vertus* (de
Guillaume Perraud), en méditant sur l'éternité des peines
de l'enfer. Il fut d'abord jongleur (ou trouvère), et il exerçait cette profession, lorsqu'un jour, étant couché sur un
lit somptueux et d'une mollesse raffinée, il se prit à penser
que, si on lui donnait pour pénitence de rester continuellement sur un lit pareil, avec défense d'en sortir sous aucun
prétexte, il ne pourrait certainement pas le supporter.
« Combien moins saurai-je tolérer, se dit-il, d'être sans
cesse sur des brasiers ardents, dans un supplice inimaginable? » À force de creuser cette pensée, il se fit moine à
Cîteaux, et fut ensuite élu évêque de Toulouse.

Quand il fut devenu évêque, Foulques, toutes les fois
qu'il entendait chanter quelque cantilène composée par lui
à l'époque où il vivait dans le monde, se condamnait, ce
jour-là, à ne manger que du pain et à ne boire que de l'eau
à son premier repas. Ainsi il arriva, tandis qu'il était à la
cour du roi de France, qu'un jongleur, au moment du
dîner, entonna devant lui une de ses chansons d'autrefois.
Aussitôt le prélat demanda qu'on lui apportât de l'eau et
refusa de boire autre chose, et il ne prit que du pain pour
toute nourriture.

### 3. *Réparties de l'évêque de Toulouse.*

Le même prélat prêchait un jour au peuple sur le
thème : *Attendite a falsis prophetis* (Méfiez-vous des faux
prophètes). Il comparait les hérétiques aux loups et les
chrétiens fidèles aux brebis. À ce passage, on vit se lever
de sa place, en plein sermon, un hérétique qui était venu
se joindre à l'auditoire. C'était un malheureux à qui le
comte de Montfort avait fait couper le nez et les lèvres et
arracher les yeux, parce que lui-même avait traité ainsi des
catholiques : « Vous entendez, s'écria-t-il, ce que dit votre
évêque, que nous sommes des loups et vous des brebis?

Eh bien! avez-vous jamais vu une brebis mordre un loup de cette façon? »

L'évêque ne se troubla point, et répondit : « De même que l'ordre de Cîteaux n'a pas tous ses biens dans l'abbaye mère, mais possède, de différents côtés, des granges pleines de brebis, avec des chiens pour défendre celles-ci contre les loups, de même l'Église n'a pas tous ses fidèles à Rome, mais en mille lieux divers; et ici, en particulier, elle possède un bercail, dont elle a confié la défense à un chien brave et redoutable, c'est-à-dire au comte de Montfort, qui a mordu de cette façon le loup que vous voyez, parce qu'il dévorait le troupeau de l'Église. »

Une autre fois, l'évêque Foulques fut abordé par une femme hérétique. Elle lui demanda l'aumône, en disant qu'elle était très pauvre. Le prélat, sachant bien qu'elle était de la secte et qu'il ne devait pas l'encourager par ses bienfaits, fut néanmoins touché de compassion. « Tenez, dit-il en lui donnant ce qu'elle désirait; je ne veux pas secourir l'hérétique, mais voici pour la pauvresse. »

## 4. *Comment Guillaume d'Auvergne consola saint Louis de la naissance d'une fille.*

La reine de France Marguerite, femme du roi saint Louis, était sur le point d'avoir son premier enfant. On attendait avec impatience un héritier du trône : elle mit au monde une fille.

Il s'agissait de porter la fâcheuse nouvelle au père. La mission était délicate : personne, à la cour, ne voulut s'en charger.

À la fin, on appela le bon évêque de Paris, Guillaume d'Auvergne, et on le pria de la remplir lui-même en usant de ménagements.

« J'en fais mon affaire », dit-il.

Et, entrant aussitôt dans la chambre du prince, il lui tint ce petit discours :

« Sire, réjouissez-vous. Je vous annonce un bien heureux événement : la France vient de s'enrichir d'un roi. Et voici comment : si le ciel vous avait donné un fils, il vous eût fallu lui céder un vaste comté; mais vous avez une fille : par son mariage, au contraire, vous gagnerez un autre royaume. »

Le roi sourit : il était consolé.

### 5. *Comment l'évêque de Paris buvait son vin pur.*

Guillaume d'Auvergne avait à sa table du vin excellent, et il en buvait. Il avait, à côté du vin, un vase rempli d'eau; mais il n'en versait jamais dans son verre.

Or, un jour, sire Jean de Beaumont, grand conseiller du roi, dînait avec l'évêque. Il lui fit, tout en causant, cette remarque :

« Cette eau, qui est sur la table, ne sert à rien, puisque vous n'en mêlez point à votre vin.

— Cette eau, répondit le prélat, a justement sur ma table la même utilité que vous à la cour du roi.

— Comment cela, seigneur? Est-ce à dire que je ne suis bon à rien?

— Non pas, certes : vous êtes très utile. Car si, dans les assemblées du palais, un prince ou un comte veut élever la voix, aussitôt vous l'admonestez sévèrement et lui imposez silence. Si un chevalier ou tout autre parle avec trop de hardiesse, vous le rappelez à l'ordre, et il se tait tout à coup.

« Eh bien! si j'ai devant moi du bon vin de Saint-Pourcain, ou d'Angers, ou d'Auxerre, et qu'il veuille me faire le moindre mal, je l'arrête au moyen de l'eau, et sa violence tombe instantanément. »

### 6. *Une fille-Dieu chez sa grand'mère.*

L'évêque de Paris, Guillaume d'Auvergne, s'efforçait toujours de retirer des sentiers du vice les jeunes filles vivant dans le désordre et d'en faire des filles-Dieu; il pourvoyait à leurs besoins et à leur instruction. Or, un jour, il en donna une en mariage à un jeune homme, auquel il remit dix livres à titre de dot. Celui-ci n'eut rien de plus pressé que de dépenser follement la somme; puis il amena sa femme dans l'église de Notre-Dame de Paris, lui disant de l'attendre là jusqu'à ce qu'il revînt, et il s'en fut errer par tous pays sans en prendre plus de souci.

Il advint une fois qu'il se retrouva en face de l'évêque. Alors, sans être embarrassé, il le salua, lui dit qu'il avait l'honneur d'être son fils, puisqu'il avait épousé une de ses filles, et lui raconta qu'il revenait d'un marché où il avait été gagner sa vie et celle de sa femme. L'évêque, très satisfait, le félicita vivement, et lui demanda où il avait laissé sa compagne. « Oh! fit-il, je l'ai laissée dans la maison de sa grand'mère. C'est une des plus belles maisons de Paris. Tant qu'elle sera là, il n'y a pas de danger qu'elle commette la moindre inconvenance. »

Le prélat se réjouit de nouveau, et passa tranquillement son chemin. Alors le ribaud, s'adressant aux clercs qui le suivaient : « C'est bien vrai, ce que j'ai dit au seigneur évêque. J'ai laissé sa fille dans la demeure de sa grand'mère, qui est la sainte Vierge en personne, puisque c'est une fille-Dieu (*filia Dei*); et cette demeure est un des plus beaux édifices de la ville, puisque c'est la cathédrale. Aussi je suis bien tranquille; il ne lui arrivera rien tant qu'elle y sera. »

### 7. *Réparties de l'archevêque Eudes Rigaud.*

L'archevêque de Rouen, Eudes Rigaud, se trouvait un jour à table avec un clerc d'assez mauvaise renommée, qui lui faisait face. Celui-ci, vers la fin du repas, se permit de lui demander : « Quelle différence y a-t-il, monseigneur, entre *Rigaud* et *Ribaud*? »

Aussitôt le prélat de répondre : « Il n'y a entre les deux que la distance d'une table. »

Le même prélat adressait à un béguin cette question : « Qu'est-ce donc qu'un béguin? Est-ce autre chose qu'un honnête homme?

— C'est un honnête homme et quelque chose de plus, lui dit ce demi-religieux.

— Ma foi, répondit l'archevêque, je retiens l'honnête homme et je vous abandonne ce qui reste. »

Lorsqu'il fut élu à l'archevêché de Rouen, il se rendit en cour de Rome pour s'excuser auprès du pape de ne pouvoir assumer ce fardeau. Le pape n'admit point ses raisons, et lui enjoignit, au contraire, de l'accepter. Rigaud se retira à part et se mit à pleurer. Survint un frère prêcheur, qui enseignait alors à Rome, et qui lui dit : « Eudes, prenez bien garde à vous conduire désormais avec sagesse et honneur, car vous voilà tombé entre les dents des Prêcheurs et des Mineurs, et ils vous mordront, si vous n'agissez pas bien.

— Au moins, répliqua Rigaud, je n'ai pas à avoir peur de vous tant que vous aurez la bouche ouverte. »

### 8. *Comment l'évêque de Cambrai dut se déguiser en marmiton.*

L'évêque de Cambrai (Guiard de Laon) se rendait à Rome, lorsqu'il faillit tomber entre les mains d'une troupe de brigands. Que fit-il ? Un marmiton de l'auberge où il se trouvait lui prêta son costume ; il le revêtit, et se mit tranquillement à tourner des chapons qui rôtissaient à la broche.

Malheureusement un des brigands l'avait vu autrefois à Paris. Il faisait déjà mine de le reconnaître. Mais le chef de cuisine s'avisa d'appliquer sur la joue du faux marmiton un soufflet tellement fort, qu'il le défigura entièrement.

Grâce à cette manœuvre héroïque, l'identité de l'évêque ne put être constatée ; et c'est ainsi qu'il échappa, car sans cela il eût été infailliblement pris et rançonné.

### 9. *Comment Guiard de Laon payait d'exemple.*

L'évêque Guiard de Laon ayant un jour prêché plus brièvement que de coutume, car il était pressé, et n'ayant pas trouvé son dîner prêt à sa sortie de l'église, gourmandait ses cuisiniers. « Vite, dit-il, servez-nous sur-le-champ. » Et, sans vouloir attendre, il s'assit à table.

Alors un serviteur, s'approchant de lui :

« Par Notre Dame ! monseigneur, vous nous avez prêché aujourd'hui sur la patience, et vous ne pouvez même pas la garder un petit moment ?

— Bel ami, répondit le prélat, je ne suis pas embarrassé pour payer mes dettes. Je vous dois l'exemple de la patience, c'est vrai; mais je ne suis pas tenu de vous payer comptant. »

## 10. *Un faux aveugle changé en aveugle véritable.*

Un hérétique, voyant l'évêque catholique de son pays opérer des miracles, rendre la vue à des aveugles, et vivement contrarié de ne pas en entendre dire autant de son évêque à lui, feignit d'être atteint à son tour de cécité, et, pendant très longtemps, parcourut dans cet état les villes et les châteaux. Son idée était celle-ci : il voulait se présenter, à un moment donné, devant le chef de sa secte et se faire dire par lui : « Voyez! »

Ayant exécuté son plan à loisir, il se fit, en effet, adresser ce commandement par l'hérésiarque. Mais, au lieu d'y voir, il se trouva, au contraire, frappé d'un aveuglement subit. Il en fut réduit à venir, lui aussi, implorer l'évêque catholique, et il eut le bonheur de recouvrer par son intercession et ses prières l'usage de ses yeux. Comme expiation, le pontife lui ordonna de raconter partout sa fraude et les résultats qu'elle avait eus. On vit donc l'hérétique publier lui-même le miracle dont il avait été l'objet et travailler ainsi à la conversion de ses pareils, tout en confirmant les fidèles dans leur foi.

## 11. *Visite subie avant d'entrer au paradis.*

Un clerc, étant passé du monastère sur le trône épiscopal, renonça aussitôt à la manière de vivre des religieux, et se mit à manger indifféremment de la viande, puis à quitter sans scrupule la robe de son ordre. Un jour qu'il était venu visiter l'abbaye d'où il était sorti, les moines firent une grande fête en son honneur. Devant lui se trouvait placé, à table, un frère convers qui paraissait absorbé dans ses pensées et comme plongé dans un songe. L'évêque, au bout d'un quart d'heure, le tira de sa rêverie et lui dit d'un ton railleur :

« Eh bien! mon frère, racontez-nous ce que vous avez vu, pendant que vous étiez ravi en esprit au-dessus de la terre. »

Ce moine était, en effet, très adonné à la contemplation.

Il se fit beaucoup prier; puis enfin il raconta ce qui suit :

« Vous le voulez, monseigneur; je vais tout vous dire. Il me semblait que j'étais transporté à la porte du paradis, et que vous arriviez devant cette porte en priant le portier de vous laisser entrer. Celui ci demandait pour quel motif il devait vous livrer passage, quelle était votre condition, votre profession sur la terre. Vous lui répondiez que vous étiez un religieux de la règle Saint-Benoît. Alors il appela saint Benoît et lui dit :

« Reconnaissez-vous cet homme? Il prétend être de vos disciples.

— D'après son costume, fit le saint, la chose n'est pas bien certaine; il faut la vérifier à l'aide de sa nourriture.

— Mais comment reconnaître sa nourriture?

— Eh bien! ouvre-lui le ventre, et voyons s'il contient les fèves du réfectoire.

L'opération faite, on ne trouva ni fèves ni aucun autre mets de religieux; mais on trouva des ailes de poulet, des cuisses d'oie et d'autres morceaux de volatiles variés. On jugea, en conséquence, que vous ne deviez pas entrer avec les observateurs de la règle de Saint-Benoît, mais aller rejoindre ses transgresseurs. »

## 12. *Le signe de croix des Albigeois.*

Je me souviens (raconte Jacques de Vitry) qu'autrefois, dans la contrée qu'on nomme le pays des Albigeois, nous discutions en présence d'une foule de chevaliers contre certains hérétiques. Ceux-ci étouffaient notre voix par leurs clameurs; nous avions beau les réfuter par de solides autorités, en langage clair, afin que les laïques pussent comprendre : nous ne pouvions venir à bout de les convaincre.

Tout à coup l'un des nôtres dit à un hérétique de faire le signe de la croix. Cet homme, en vrai renard qu'il était, essaya de ruser et de louvoyer : à plusieurs reprises, il commença le signe de la croix; mais, bien qu'il fit le premier geste, il ne l'achevait pas. Voyant qu'il se dérobait, les chevaliers catholiques taxèrent ces intrus de mensonge manifeste et flagrant, et ils se soulevèrent contre eux.

## 13. *Crier n'est pas chanter.*

J'ai connu (dit Jacques de Vitry) un prêtre qui avait une voix horrible, une véritable voix d'âne; et, malgré cela, il se persuadait qu'il chantait fort bien. Or, un jour qu'il disait la grand'messe, une bonne femme, en l'entendant, se mit à pleurer bruyamment. Lui, ne douta pas un instant que ce fût l'effet de son chant suave et mélodieux. Tout heureux d'exciter la dévotion de sa paroissienne et de l'attendrir jusqu'aux larmes, il se mit à hausser le ton; et plus il criait, plus la femme pleurait fort.

À la fin, il s'arrêta et voulut savoir le motif d'un pareil déluge. « Ah! messire, dit-elle, je suis cette malheureuse qui a perdu l'autre jour son âne; la pauvre bête a été dévorée par un loup, vous savez bien. Quand vous chantez, je crois encore entendre sa voix. »

Le prêtre ne put s'empêcher de rougir, et, au lieu de l'éloge qu'il espérait, il ne remporta que sa courte honte.


## 14. *Un miracle naturel.*

Une troupe de boiteux et de contrefaits s'était rassemblée autour du tombeau d'un saint, afin d'obtenir la guérison. Ils y restèrent fort longtemps, sans être exaucés. Alors ils prirent le parti de s'adresser au curé de la paroisse. Ils firent irruption dans l'église, et troublèrent même l'office divin. Le prêtre, voyant ce dont il s'agissait, leur dit :

« Vous voulez être guéris afin de pouvoir marcher par vous-mêmes et courir?

— Oui, oui! s'écrièrent-ils, c'est ce que nous voulons.

— Eh bien! jetez d'abord tous vos bâtons. »

Les voilà donc qui jettent leurs bâtons. Après quoi, le curé ajoute :

« Attendez un petit moment, qu'on apporte du feu. Il faut, en effet, que l'on brûle celui de vous qui est le plus malade, pour que je répande un peu de sa cendre sur les autres et qu'ils soient guéris. »

À ces mots, chacun, tremblant d'être pris pour le plus malade et d'être livré aux flammes, se fait violence, tente un effort désespéré, et tous se mettent à fuir en même temps : ils avaient recouvré l'usage de leurs jambes. Il ne resta dans l'église que les bâtons. *La peur donne des ailes.*

### 15. *Du danger d'interpréter les songes.*

Certain clerc ambitieux, qui jouissait déjà d'une prébende, eut une fois un songe. Il lui semblait qu'il était placé sur une éminence et que toute la population du diocèse était rassemblée autour de lui; vêtu d'une chape de soie, il donnait sa bénédiction à la foule avant qu'elle se dispersât. Le lendemain, il raconta ce rêve à sa vieille nourrice, qui lui en donna tout de suite l'explication : évidemment il était destiné à remplacer un jour l'évêque de son église. Alors il devint avare, il se mit à épargner et à thésauriser, afin de pouvoir, au moment voulu, faciliter sa promotion à l'épiscopat ou défendre son droit, c'est-à-dire le droit qu'il croyait que son rêve lui avait conféré.

Or, un peu plus tard, le chapitre de son église dut envoyer de différents côtés des quêteurs, pour trouver les fonds nécessaires à la réparation de l'édifice sacré. Considérant que ce chanoine, en raison de ses habitudes d'économie, garderait très bien les sommes amassées, ils l'adjoignirent dans ce but aux clercs chargés de la quête, en lui confiant diverses reliques, et notamment un bras d'argent qui renfermait des os d'un saint quelconque.

Il s'arrêta précisément, dans le cours de sa tournée, à l'endroit où l'avait transporté son rêve. Là, une quantité de fidèles accourut; on fit la quête, et ensuite on exposa les reliques.

Le chanoine se revêtit d'une belle chape et commença à bénir le peuple avec le reliquaire d'argent. Mais, tout d'un coup, il se rappela les circonstances du songe, et reconnut qu'il venait de recevoir son accomplissement. Alors, dans son désespoir, il jeta au loin le bras du saint. Le malheureux était volé.

### 16. *De l'utilité des maladies.*

Un jeune clerc, réduit à la pauvreté, s'était engagé, dans l'espoir d'une rémunération, à porter de l'eau bénite tous les dimanches, suivant la coutume de France, dans la maison d'un riche seigneur; mais il n'en recevait, pour tout salaire, que des paroles désagréables. Ce personnage finit par contracter la goutte à un pied; et, comme on le prévenait un jour que le porteur d'eau bénite venait d'arriver, il lui demanda d'un ton très doux d'en jeter un peu sur lui et de prier en même temps pour sa guérison, moyennant quoi on lui servirait à manger. Alors le pauvre clerc, étonné de voir le lion transformé en agneau, lui adressa cette question :

« Dans quel état êtes-vous le plus porté à aimer Dieu et à croire en lui, dans l'état de maladie ou dans l'état de santé?

— Dans l'état de maladie, avoua le chevalier.

— Eh bien! je prie Dieu, au contraire, qu'il vous maintienne en cet état, puisqu'il vous est plus salutaire, et qu'il vous donne plutôt la goutte à l'autre pied. »

Un vertueux prêtre, qui avait été le compagnon de saint Edmond, archevêque de Cantorbéry, fut le héros d'un trait semblable. Ayant appris que cet illustre pontife était mort et qu'il faisait des miracles, il alla visiter son tombeau, à l'abbaye de Pontigny, et, comme il souffrait depuis longtemps d'un mal très douloureux, il conjura le saint, au nom de l'intimité qui les avait unis sur la terre, d'obtenir du seigneur sa délivrance. Après avoir beaucoup prié, il se sentit tout à coup soulagé. Il s'en revint joyeux; mais, se sentant alors plus disposé à pécher qu'auparavant, il se prit à réfléchir et à se demander si la maladie ne lui valait pas mieux que la santé, pour le préserver des tentations et pour accroître ses mérites.

« Je suis bien fou, se dit-il, d'avoir simplement émis le vœu d'être débarrassé de mes souffrances. »

Et il retourna à Pontigny prier le saint de lui obtenir ce qui serait le plus avantageux pour lui, ou de la santé ou de la maladie.

Aussitôt il retomba dans son état précédent, et il en remercia Dieu comme d'un véritable bienfait, dans la pensée qu'il en tirerait des fruits très utiles pour son salut.

# CHAPITRE II

# LES MOINES

*La vie monastique a été régénérée au XII<sup>e</sup>
siècle par saint Bernard, abbé de Clairvaux
(mort en 1153), brillant représentant du mouvement cistercien. Les prédicateurs proposent
donc à leur public son image, toute d'ascétisme
et de rigueur. Mais le XIII<sup>e</sup> siècle voit l'éclosion
d'ordres nouveaux, comme les franciscains et les
dominicains, chargés de la reconquête des fidèles, face à l'hérésie. Il n'est donc pas étonnant de
voir les prédicateurs, issus le plus souvent de
leur rang, proposer dans leurs sermons la figure
de leur saint fondateur : François d'Assise ou
Dominique de Guzman. Il reste que l'inconduite
des moines demeure dans la prédication un
thème favori, sinon un lieu commun.*

## 17. Visite de Louis VII à saint Bernard.

Le bienheureux abbé de Clairvaux, saint Bernard, avait
tellement mortifié son corps dans sa jeunesse, qu'arrivé au
déclin de la vie il ne pouvait absolument plus observer sa
propre règle. Il lui fut enjoint par son directeur de se
soumettre, pour ce qui était de sa nourriture, aux avis de
quelques-uns de ses frères, qu'on lui désigna.

Bientôt après, le roi Louis, père de Philippe Auguste,
vint à passer par Clairvaux, et, apprenant que saint
Bernard, en raison de son grand âge, était consigné à l'infirmerie, il lui fit porter, à titre de présent, quelques beaux
poissons.

Ses messagers trouvèrent le vénérable vieillard assis à table, ayant devant lui les restes d'un chapon rôti. Ils rapportèrent le fait à leur maître, qui n'en voulut pas croire ses oreilles : un homme si saint violer ainsi l'abstinence monastique! Il vint donc lui rendre visite en personne, et, tout en causant familièrement avec lui, il lui demanda si ce que ses gens lui avaient dit pouvait être vrai.

« C'est tout ce qu'il y a de plus vrai, répondit le serviteur de Dieu. Tant que je me suis bien porté et que mon corps a eu de la vigueur, je l'ai dompté en lui imposant des privations rigoureuses; à présent qu'il ne peut plus rien supporter et qu'il est aussi faible qu'on peut l'être, c'est lui qui me fait la loi. Me voilà obligé d'obéir à mon supérieur! »

Le roi, après avoir écouté cette explication, se retira profondément édifié.

## 18. *La dialectique de l'abbé de Clairvaux.*

On raconte de saint Bernard qu'étant entré un jour dans les écoles de logique de la capitale, avec la pensée de gagner à Dieu quelques étudiants, il fut invité par le maître, après l'exercice de la « disputation », à « déterminer » à son tour. Il n'avait jamais suivi les cours de logique; néanmoins il s'exécuta, et voici de quelle façon :

« Ecoutez, dit-il, comment Dieu argumente contre nous. Il vous a donné une loi; telle est la proposition majeure. Vous l'avez transgressée; c'est la mineure. Vous encourrez la peine éternelle; voilà ma conclusion. La loi que je vous ai donnée, c'est de ne point pécher; vous avez violé ce commandement; donc vous devez être punis. »

Comme le même saint entendait souvent répéter, dans les exercices de dialectique, la définition usuelle : « L'homme est un animal raisonnable et mortel », il en dégagea cette autre conséquence : « Étant donné cette double condition de créature raisonnable et mortelle, il découle de là une double vérité; c'est que la mort humilie la raison, et que la raison console de la mort. »

Saint Bernard avait converti tous ses frères et leur avait

fait prendre l'habit religieux. Seul de la famille, son père s'était endurci et demeurait dans le monde. Bernard se rendit dans son village, et là il se mit à prêcher devant le vieillard pour attendrir son cœur. À côté de lui se trouvait un tronc d'arbre très vieux; il en fit un argument probant. Il ordonna aux gens qui étaient là d'apporter des branches de bois sec autour de ce tronc et d'y mettre le feu. Les branchages furent vite consumés, et le vieil arbre, lançant par ses extrémités une fumée noire avec une sueur épaisse, brûla longtemps sans prendre feu.

Alors le saint se mit à parler des peines éternelles, et dit à son père qu'il était semblable à ce tronc, parce qu'il ne pouvait s'enflammer de l'amour divin, ni pleurer ses péchés, ni soupirer vers Dieu. Donc il devait faire pénitence, s'il ne voulait brûler, lui aussi, durant un temps infini en exhalant une fumée nauséabonde. Ce raisonnement toucha enfin le cœur du père. Il suivit son fils et embrassa la vie religieuse à son tour.

Le trait fut rapporté au narrateur sur les lieux mêmes, par Calon, seigneur de Fontaines, petit-neveu de saint Bernard, qui était né dans le village de ce nom.

19. *Vertu singulière d'un autographe de saint Bernard.*

Un jour que le bienheureux Bernard parcourait la province d'Apulie pour veiller aux intérêts de l'Église romaine, on lui amena une femme tourmentée depuis longtemps déjà par un démon impur. Le saint fit suspendre au cou de la possédée une petite cédule où il avait écrit ces mots : « Par la vertu du nom de Dieu, je défends au démon de s'approcher de cette femme. » Or, chaque fois qu'on retirait ce billet, elle était tourmentée; elle était délivrée chaque fois qu'on le lui rendait.

Un prêtre du pays voulut, un jour, s'assurer du fait devant ses paroissiens. On dépouille donc cette femme de sa cédule, malgré sa résistance, malgré ses cris. Aussitôt l'esprit malin se précipite sur la pauvre malheureuse; il la vexe, la maltraite, la torture. On fait à Satan mille questions sur des choses secrètes; il répond à tout sans jamais se tromper. On cause avec lui, on l'interroge familièrement. Enfin, pour l'éprouver, on apporte sans qu'il s'en doute le ciboire qui contenait la sainte Eucharistie; et, l'ayant approché de lui avec plus de mystère encore, on lui demande ce que l'on tient à la main, tout près de lui.

Mais alors, poussant un profond soupir :

« S'il n'y avait là, dit-il, ce petit papier, aujourd'hui même vous seriez tous à moi! »

Cette parole fut un sujet de joie et d'édification pour tous les assistants. Le papier fut aussitôt rendu à cette femme; les tourments cessèrent, et le démon ne parla plus.

### 20. *Le combat de l'obéissance et de la charité.*

Un frère convers de l'ordre de Cîteaux avait plusieurs vêtements dont il lui semblait qu'il pouvait fort bien se passer. Aussi, chaque fois qu'il rencontrait un pauvre nu ou mal habillé, il lui donnait une de ses tuniques. Son abbé le lui défendait, et le corrigeait souvent de sa désobéissance.

Sur ces entrefaites, le pape Alexandre vint en France, et l'on profita de l'occasion pour le consulter à ce sujet. Voyant que le devoir de l'obéissance et le devoir de la charité se combattaient, le pontife, un peu embarrassé, trancha ainsi la question :

« Vous, mon frère, toutes les fois que la charité vous dira de donner, donnez toujours; et vous, l'abbé, toutes les fois que vous constaterez une désobéissance, frappez toujours. »

### 21. *Une improvisation de saint François d'Assise.*

Un frère prêcheur, contemporain de saint François d'Assise, me raconta un jour (dit Étienne de Bourbon) le trait suivant.

Un certain nombre de hauts prélats tenaient quelque part une réunion, dans un pays où se trouvait saint François. Comme ils avaient entendu dire que c'était un homme simple et dépourvu de littérature, prêchant aux oiseaux comme aux hommes, ils le firent venir par curiosité, et, voulant juger par eux-mêmes de la façon dont il s'acquittait de la mission qu'il avait assumée, ils lui assignèrent un jour pour venir traiter devant eux un thème de son choix.

Dans l'intervalle, un très grand évêque qui était de ses amis, et qui redoutait pour lui une humiliation, le manda en secret dans son palais. Là, il lui fit apprendre par cœur le texte d'un sermon bien composé, bien ordonné.

Au jour fixé, le saint homme fut fidèle au rendez-vous. Mais il ne voulut pas prêcher sur le sujet qu'on lui avait fait si longuement ruminer : il avait tout oublié et se trouvait complètement à court. Alors, mettant sa confiance en Dieu, il ouvrit au hasard son psautier et tomba sur ce verset : « Tout le jour, la confusion a couvert mon visage. »

S'emparant aussitôt de ce thème et le développant dans son idiome vulgaire, il parla avec abondance de l'orgueil des prélats, de leurs mauvais exemples, et montra comment l'Église était couverte de confusion à cause d'eux, comment ils devaient être la face brillante de cette Église, où toute beauté doit résider, suivant l'expression de saint Augustin : « Son visage est beau, bien proportionné, orné de grâce, revêtu d'un coloris harmonieux » ; comment enfin l'opprobre de leurs scandales avait rejailli sur elle, et comment, sur la partie du corps la plus apparente, la plus digne et la plus élevée, la moindre tache est beaucoup plus choquante. Il dit tout cela et beaucoup d'autres choses sur le même sujet ; si bien que les prélats s'en allèrent eux-mêmes salutairement humiliés et profondément édifiés.

## 22. *Vénération de saint François pour le caractère sacerdotal.*

Saint François entrait un jour dans une ville de Lombardie, où l'avait précédé sa haute réputation de sainteté. Là, un certain hérétique, qui croyait trouver en lui un homme simple et naïf, voulut profiter de son passage pour confirmer dans leur foi les adhérents de sa secte, accourus en grand nombre à cette nouvelle. Voyant que le curé du lieu s'avançait à la rencontre du saint, il se mit à crier devant tous, en s'adressant à ce dernier :

« Homme de bien, que dites-vous de ce prêtre, qui est placé à la tête de cette paroisse, et qui vit en concubinage, se livrant, au vu et au su de tout le monde, aux plus honteux désordres? Que peut-il sortir de pur de pareilles mains? Que peuvent-elles toucher qui ne soit immédiatement souillé? »

François, devinant la ruse de l'hérétique, demanda simplement :

« Est-ce là le curé de cette ville, dont vous dites tant de mal?

— Oui, lui répondit-on. »

Alors, fléchissant le genou dans la boue, il dit, en baisant les mains du prêtre :

« Ces mains ont touché mon Seigneur et mon Dieu; quelles qu'elles soient, elles n'ont pu le rendre immonde ni diminuer sa vertu. En l'honneur de Dieu, honorez son ministre. Il peut avoir des torts envers lui-même; pour moi, c'est un homme digne de vénération. »

Les hérétiques se retirèrent désappointés.

### 23. *Les débuts de saint Dominique.*

Diego, évêque d'Osma, était venu dans le pays des Albigeois avec des chevaux de luxe et des bagages, et, comme il avait appris que cette terre était infestée par l'hérésie, il se mit à prêcher, en passant dans une ville, contre les hérétiques qui l'habitaient.

Ceux-ci se révoltèrent contre ses paroles, et, faisant valoir aux yeux de leurs adhérents, le fastueux équipage de l'évêque, ils leur dirent :

« Comment pourriez-vous ajouter foi aux propos de cet homme et de ses pareils? Ils viennent vous prêcher Jésus-Christ humble et pauvre, et ils arrivent avec un riche cortège, avec des porteurs, des provisions, des cavalcades! Nous, au contraire, si nous vous parlons de Dieu, c'est avec la pauvreté, avec l'humilité, avec l'abstinence; tout ce que nous vous enseignons de bouche, nous vous l'apprenons en même temps par l'exemple. »

Diego fut très confus quand il s'entendit opposer un pareil argument. Il renvoya aussitôt ses montures et se défit de tout son train. Puis il entreprit courageusement de parcourir le pays à pied et comme un vrai pauvre, avec l'aide de son disciple Dominique. C'est même là ce qui détermina ce dernier à établir l'ordre des Frères Prêcheurs, comme l'ont rapporté les frères qui se trouvaient avec lui dans la terre des Albigeois.

### 24. *Une réunion publique contradictoire.*

Je tiens le fait suivant (dit Étienne de Bourbon) de quelqu'un qui l'avait vu et entendu.

En Lombardie, avant que les religieux de saint Dominique y fussent allés prêcher, les chefs de plusieurs sectes hérétiques, divisées entre elles, se donnèrent rendez-vous dans une même ville et tinrent dans l'église principale une grande réunion, pour tâcher de se mettre d'accord. Il y avait là sept personnages qu'ils appelaient leurs évêques, avec leurs adhérents respectifs. Il fut convenu que chacun d'eux défendrait tour à tour sa croyance et combattrait celle des autres, à l'aide des meilleurs arguments qu'il pourrait trouver.

Le premier, se levant, parla avec éloge de sa secte; il en soutint la doctrine à coups de textes et à coups de raisonnements, disant que c'était là l'orthodoxie et la vraie foi catholique, hors de laquelle nul ne pouvait se sauver; et finalement, il excommunia tous ceux qui oseraient proposer ou admettre une théorie différente. Ensuite, il se rassit, et le second se leva.

Celui-ci tint le même langage que le précédent, sauf qu'il dit exactement le contraire : toutes les assertions de l'autre n'étaient que fausseté, perversité, hérésie; son système, à lui, était fondé sur les meilleures raisons, sur les plus fortes autorités; en un mot, c'était la vraie foi, la seule, et quiconque s'en écartait était nécessairement damné. En conséquence, il excommunia le préopinant comme hérétique, lui, ses disciples et toute sa secte.

Quand il eut fini, le troisième se leva à son tour et fit de même, condamnant, anathématisant tout ce qui ne pensait pas comme lui. Enfin les quatre derniers prirent successivement la parole pour condamner en bloc tous les autres, et la conférence n'eut pas d'autres suites.

Le témoin dont j'ai parlé, qui était un homme intelligent, se retira très frappé de ces dissensions, de ces déchirements, de ces haines réciproques. Il n'avait rapporté de là, disait-il, qu'une conviction plus solide et un attachement plus ferme à la foi catholique.

### 25. *Comme quoi Jésus-Christ était dominicain.*

Certain novice était entré dans l'ordre des Frères Prêcheurs. Quelques religieux, portant un autre habit, entreprirent de l'en faire sortir et de l'attirer dans leur propre communauté. Ils lui dirent beaucoup de mal de la règle qu'il avait embrassée, beaucoup de bien de celle qu'ils voulaient lui faire adopter. À la fin, fatigué de leurs obsessions, il leur adressa cette simple demande :

« Notre Seigneur Jésus-Christ nous a-t-il offert en exemple un genre de vie supérieur à tous les autres? Sa conduite doit-elle être la règle de la nôtre?

— Sans doute, répondirent-ils.

— Eh bien! je n'ai lu nulle part que Jésus-Christ ait été un moine blanc ou un moine noir; mais j'ai lu souvent qu'il fut un pauvre prédicateur. Or, j'aime mieux suivre ses pas que les vôtres. »

### 26. *Manière de rendre agréable un bruit gênant.*

La reine Bérangère avait fondé une abbaye. Mais elle avait un moulin auprès du cloître. Ce moulin faisait un bruit perpétuel; les religieux en étaient troublés, et ils finirent par s'en plaindre.

La reine entra en souci. Elle cherchait vainement un moyen de remédier à cet inconvénient, lorsque quelqu'un lui dit : « Madame, je vais vous apprendre une excellente manière de faire cesser les réclamations de ces bons frères. Donnez-leur le moulin, et désormais, toutes les fois qu'ils l'entendront marcher, ils se frotteront, au contraire, les mains. »

Et la bonne princesse l'écouta.

### 27. *Une étrange façon de dire matines.*

Dans certain prieuré, dont je ne veux pas dire le nom, vivaient des moines fort peu édifiants, qui, ayant passé la soirée à boire, manger et bavarder, se trouvèrent très fatigués au moment où l'on sonna matines. Ils se levèrent néanmoins, tout engourdis, et voulurent commencer l'office. Mais, comme ils ne pouvaient se tenir éveillés et que leur tête retombait sur leur livre à chaque verset, ils commandèrent aux enfants de chœur de psalmodier avec eux. Au bout de quelques minutes, tous les moines étaient rendormis.

Alors un des enfants, qui guettait ce moment, fit signe à ses compagnons de se taire. Ils se turent d'abord; puis, voyant que nul ne bougeait, ils se mirent à jouer tout à leur aise.

Quand ils se furent longuement divertis, l'un d'eux fit tout à coup un grand bruit et s'écria d'une voix forte : *Benedicamus Domino.* Aussitôt les moines, réveillés en sursaut, de répondre tous en chœur : *Deo gratias*!

Chacun d'eux demeura persuadé que les autres avaient dit matines avec les enfants de chœur et que l'office était terminé; aussi regagnèrent-ils leurs lits en toute hâte. Et c'est ainsi que le diable, avec le secours de la somnolence, sa complice, détruit tout le fruit de l'oraison.

28. *Un bon avocat et un bon chevalier font deux mauvais moines.*

Il y avait une fois un grand avocat, qui avait la réputation de gagner presque toutes ses causes. Cet avocat finit par renoncer au monde pour revêtir l'habit religieux, et, quand il eut fait sa profession, ses supérieurs s'empressèrent de l'employer à soutenir leurs procès. Mais, par un singulier revirement des choses, il les perdait régulièrement.

Etonnés d'un pareil résultat, ses frères lui adressèrent des reproches en plein chapitre. Alors il leur dit :

« Dans le monde, j'avais gain de cause parce que, si la vérité n'était pas pour moi, je ne craignais pas de mentir et d'inventer; mais à présent, sous cet habit, je ne puis plus dissimuler ni tromper, car je ne suis pas entré au couvent pour perdre mon âme. »

Après cette explication, ils le laissèrent tranquille; mais ils eurent bien soin de ne plus l'envoyer plaider.

Dans un autre monastère, c'était un preux chevalier qui était venu se consacrer à Dieu. Celui-là était chargé de se rendre aux foires pour vendre des ânes et des ânesses. Les acheteurs lui demandaient si ceux qu'il leur offrait étaient de bonnes bêtes.

« Croyez-vous, leur répondait-il, que notre maison soit tombée dans une telle détresse, qu'elle soit obligée de se défaire de ses meilleurs animaux? »

Et, si quelqu'un voulait savoir pourquoi ses ânes avaient la queue toute pelée, il disait :

« C'est parce que ces pauvres animaux tombent souvent sous le faix, et que, lorsqu'on les relève, on les tire par la queue. »

Un frère convers, qui l'accompagnait, lui fit également quelques observations. Mais il les accueillit par ces mots :

« Moi qui ai abandonné, pour faire mon salut, des troupeaux d'ânes et d'ânesses, vous voudriez que je me damne pour deux ou trois des vôtres? Jamais de la vie! »

### 29. *Le moyen de recouvrer l'appétit.*

Dans le diocèse de Reims vivait un prélat riche et délicat, qui était blasé sur les délices de la terre. Il avait tellement perdu l'appétit, que les meilleures choses du monde ne pouvaient ni lui plaire ni le soutenir; si bien qu'il se mourait de langueur au milieu de l'abondance. Désespérant du salut de son corps, il voulut au moins chercher le salut de l'âme, et entra dans un monastère. Là, on vit celui qui possédait tant de couvre-chefs s'en aller tête nue, celui qui nageait dans l'opulence se nourrir de mets grossiers, en très petite quantité : aussi recouvra-t-il bientôt l'appétit, et se mit-il à manger avec avidité.

L'archevêque de Reims, ayant entendu parler de sa métamorphose, vint lui rendre visite, car il avait été son ami intime. Il voulut dîner au couvent, et se mit à table avec lui dans le réfectoire. Tout en mangeant, il le regardait attentivement et s'émerveillait de voir un homme naguère si pâle, si languissant, exhiber maintenant une mine fleurie et tous les signes d'une robuste santé. Il le vit faire disparaître en un clin d'œil une pleine écuelle de fèves, puis une seconde écuelle de choux.

Alors, dans un mouvement d'admiration, il saisit sa propre assiette, et, la remettant à l'un des frères servants :

« Tiens, dit-il; porte-lui encore ceci, et dis-lui que je lui enjoins, si le contenu ne lui suffit pas, de manger l'assiette avec. »

Après quoi il se retira, très heureux d'avoir constaté que la faim était le condiment des moines.

## 30. *La médecine monastique.*

Un religieux, nommé Pierre l'Espagnol, racontait qu'un personnage versé dans la science de la médecine était entré au couvent. Mais il voulait y vivre suivant les lois de la physique, s'abstenir notamment des fèves et des mets grossiers, sous prétexte qu'ils ne convenaient point à sa complexion. Aussi, tandis que les autres travaillaient aux œuvres du Seigneur, lui, toujours languissant, couchait à l'infirmerie. Il n'était occupé qu'à affaiblir son corps par toute sorte de médicaments, et plus il en prenait, plus sa santé déclinait.

Une fois, cependant, il fit l'effort de rejoindre ses frères et de venir manger au réfectoire. Mais voilà qu'au milieu du repas, il crut voir la bienheureuse Vierge faire en personne le tour des tables, accompagnée d'une suivante au visage radieux, qui tenait à la main un flacon rempli du plus précieux électuaire. Marie, à l'aide d'une cuiller, versait quelques gouttes de cette liqueur entre les lèvres des moines qui prenaient sans rien dire leurs pauvres aliments, et aussitôt tout leur paraissait excellent, délectable. Quand elle arriva devant lui, il ouvrit la bouche comme les autres. Mais la Vierge, retirant sa main, lui dit :

« Vous suivez votre régime; vous n'avez pas besoin du mien. »

Ce mot fit pénétrer le repentir dans son cœur. Il voulut désormais se nourrir comme le reste de la communauté, et bientôt il reprit sa bonne mine et dégusta avec plaisir les mets les plus insipides.

## 31. *Légende du moine et de l'oiseau.*

Il fut un bon homme de religion qui souvent priait Dieu, en ses oraisons, qu'il lui accordât de voir telle chose qui pût lui donner une idée de la grande joie et de la grande douceur qu'il réserve à ceux qui l'aiment; si bien que notre Seigneur Dieu finit par l'ouïr.

Comme il était assis une fois, au matin, dans le cloître de son abbaye, Dieu lui envoya un ange en semblance d'oiseau, qui se posa devant lui; et, comme il regardait cet ange, ne sachant pas que c'était un ange, mais croyant fermement que c'était un oiseau, il fixa ses pensées sur la beauté de son plumage; tant et si bien qu'il en oublia tout ce qu'il avait derrière lui.

Au bout d'un instant, il se leva pour saisir cet oiseau, car il en était très convoiteux. Mais, chaque fois qu'il venait près de lui, l'oiseau s'envolait un peu plus en arrière, et le bonhomme s'en allait après. Que vous dirai-je de plus? L'oiseau l'entraîna après lui, tant et si loin, qu'il lui fut avis qu'il se trouvait en un beau bois, hors de son abbaye.

Malgré cela, le bonhomme se laissa aller à écouter le doux chant de l'oiseau et à le contempler perché sur la branche. Tout d'un coup, croyant entendre sonner midi, il rentra en lui-même et s'écria :

« Dieu! je n'ai pas dit mes heures aujourd'hui! Comment recouvrer le temps perdu? »

Et, comme il regardait vers son abbaye, il ne la reconnut point; toutes choses lui semblaient bistournées.

« Mon Dieu! dit-il alors, où suis-je donc? Ce n'est point là mon abbaye, l'abbaye dont je suis sorti ce matin. »

Il vient à la porte et se met à appeler :

« Portier! portier! venez çà. »

Le portier arrive, et, en voyant le bonhomme, ne le remet pas. Il lui demande qui il est.

« Je suis, fait-il, un moine de céans, et j'y veux entrer.

— Vous? dit le portier. Vous n'êtes pas moine de céans; oncques ne vous ai vu. Et si vous en êtes, quand donc en êtes-vous sorti?

— Aujourd'hui, au matin, répond le moine.

— De céans, dit le portier, nul moine n'est sorti ce matin. »

Alors le bonhomme demande un autre portier; il demande l'abbé; il demande le prieur. Ils arrivent tous, et il ne les reconnaît pas, ni eux ne le reconnaissent. Dans sa stupeur, il leur nomme les moines dont il se souvient :

« Je connais un tel, fait-il, et puis un tel, et puis un tel.

— Beau sire, répondent-ils, tous ceux-là sont morts il y a trois cents ans passés. Or, rappelez-vous où vous avez été, d'où vous venez et ce que vous demandez. »

Alors enfin le bonhomme s'aperçut de la merveille que Dieu lui avait faite, et sentit combien le temps devait paraître court aux hôtes du paradis.

### 32. L'utilité d'un bel habit éprouvée par Homère et par Abélard.

Aux temps lointains de l'enlèvement d'Hélène, florissait le poète Homère, qui, se trouvant, un jour, dans la ville d'Athènes, voulut pénétrer dans le palais du roi sous un costume misérable. On ne le laissa pas entrer; mais, quand il se fut couvert d'un riche vêtement, les portes s'ouvrirent devant lui, on lui fit une réception des plus honorables, et il obtint tout ce qu'il désirait. Alors il lui vint à l'idée de confondre le roi et ses courtisans. Il dépouilla devant tout le monde ses précieux habits, se prosterna devant eux, et, les adorant, leur adressa ces paroles :

« Combien je vous remercie, vous qui m'avez valu instantanément, auprès du prince, la faveur que n'avaient pu m'obtenir ni le savoir ni le mérite! »

La même chose arriva, dit-on, à maître Pierre Abélard, pour la confusion de certains religieux. Il s'était arrêté une fois dans une abbaye; mais, laissant derrière lui ses chevaux et ses bagages, il s'était présenté couvert d'un vieux manteau rapiécé. Aussi l'avait-on reçu à grand'peine, et l'avait-on placé dans l'asile des pauvres, avec les ribauds, en le considérant avec mépris.

Quand il vit cela, il s'en retourna, puis revint en grand équipage, avec des torches allumées. Cette fois, on l'accueillit avec les plus grands égards, on le traita parfaitement bien, et les moines l'invitèrent à prendre la parole au chapitre.

Alors il les accabla de reproches; il leur dit, dans son discours, que, si le Christ était venu chez eux sans monture et mal habillé, il eût été certainement mal reçu, que sa divine sagesse ne lui eût servi de rien, et que, pour lui, il remerciait de la bonne hospitalité qu'il avait trouvée, non pas les religieux de céans, mais ses chevaux, ses voitures, ses vêtements et tout le luxe de son cortège.

### 33. *Un abbé veut faire prendre les femmes pour des oies.*

Un jeune ermite fut conduit un jour à la ville par l'abbé auquel il était soumis. Là, ayant vu quelques femmes assemblées, il demanda curieusement à son supérieur quelles choses c'était là.

« Ce sont des oies, dit l'abbé, pour s'en débarrasser. »

De retour au cloître, le jeune ermite se mit à pleurer si fort, que personne ne pouvait le consoler.

« Qu'avez-vous, mon fils, et que voulez-vous? lui demanda l'abbé.

— Je veux, dit l'enfant, une de ces oies que j'ai vues tantôt à la ville. »

Alors l'abbé, ayant convoqué ses frères, leur fit ce petit discours : « Mes frères, veuillez considérer attentivement combien est pernicieuse la vue des femmes. Voilà ce jeune innocent qui, nourri dans le désert, ne les connaissait pas, et il lui a suffi d'en voir une pour être brûlé du feu de la concupiscence. »

### 34. *Une histoire de brigands.*

Il y avait une fois un chef de brigands très obstiné dans le crime et complètement incorrigible, qui dépouillait tout le pays et se livrait par désespoir à tous les désordres. Comme il exerçait son vilain métier aux environs d'une abbaye, l'abbé, saisi de compassion pour lui et ses compagnons, monta bravement sur son cheval et se dirigea vers leur repaire.

Aussitôt qu'ils l'aperçurent, ils s'emparèrent de sa personne. Il leur demanda ce qu'ils voulaient de lui. Ils répondirent qu'ils voulaient son cheval, afin de le vendre et d'acheter, avec le produit de la vente, du pain, du vin et de la viande. Alors l'abbé, descendant de sa monture et les rassemblant tous autour de lui, leur fit ce petit discours :

« Ô mes enfants! j'ai entendu parler de vous, et je suis venu vous trouver, afin de savoir pourquoi vous commettez tant de méfaits. Si c'est pour avoir des vivres et des vêtements que vous menez une existence si misérable, au péril de votre âme et de votre corps, venez avec moi, et je vous procurerai tout cela dans mon abbaye, sans qu'il vous en coûte rien, sans que vous encouriez ni danger ni fatigue, pourvu que vous renonciez à mal faire.

— Mais, objecta le chef, je ne pourrai jamais manger vos fèves.

— Eh bien! si vous voulez venir avec moi, je vous donnerai de la viande et tout ce que vous pourrez désirer. »

Alors le brigand promit d'aller lui faire visite. Il se rendit, en effet, au monastère pour éprouver la véracité de l'abbé. Celui-ci le reçut avec les plus grands honneurs, lui fit préparer la plus belle chambre et le fit servir par un religieux des plus édifiants, qui lui apprêta et lui apporta tous les mets qu'il voulut, se contentant de se nourrir sous ses yeux de pain et d'eau.

Le moine ayant agi de la sorte pendant plusieurs jours, le brigand finit par lui demander quel crime il avait commis pour se soumettre à une si rude pénitence : c'était à tout le moins des adultères, des homicides épouvantables. Mais, à ces mots, l'humble religieux se signa d'étonnement, disant qu'il faisait tout cela pour Dieu, pour la vie éternelle, et qu'il n'avait jamais touché une femme ni causer le moindre mal à un homme, étant entré petit enfant dans son ordre.

Cette réponse fit réfléchir profondément le voleur. Touché de componction, maudissant ses forfaits il accourut se jeter aux pieds de l'abbé, demandant l'habit monastique, et fut assez heureux pour l'obtenir. Il devint par la suite le plus austère et le plus fidèle des religieux.

CHAPITRE III

# LES ROIS ET LES REINES

*Les auteurs des plus importants recueils de récits exemplaires du XIII<sup>e</sup> siècle sont des Français ou des Anglais en contact avec les rumeurs de la cour royale française et de l'opinion publique parisienne. Le roi de France Philippe Auguste (1180-1223) attire ainsi les récits. Et dans une moindre mesure saint Louis. Ces rois apparaissent d'abord comme des parisiens, héros d'anecdotes dont l'action a lieu à Paris ou qui ont été recueillies à Paris, ville qui s'affirme comme capitale de la France et comme lieu d'une prodigieuse effervescence intellectuelle. Si est affirmée avec force l'idée du roi justicier, l'on trouvera aussi dans ces récits une dimension jusque là sous-estimée : celle du roi « facétieux », qui dans le rire et par le rire, accomplit une dimension sacrée de la royauté.*

35. *Charlemagne récompense l'obéissance de ses fils.*

L'empereur Charles avait un fils appelé Gobant. Un jour qu'il voulait éprouver l'obéissance de ses divers enfants, il fit venir Gobant, et, comme il tenait à la main un quartier de pomme, il lui dit, devant tout le monde :

« Gobant, ouvre la bouche, et reçois ce que je vais t'envoyer. »

Mais le jeune homme répondit qu'il ne l'ouvrirait pas et qu'il ne supporterait jamais un tel affront, même pour l'amour de son père.

Alors Charles fit appeler un autre de ses fils, qui avait nom Louis.

« Ouvre la bouche, lui dit-il, et reçois ce que je te tends. » Louis répondit :

« Comme il vous plaira; faites de moi comme de votre serviteur. »

Il ouvrit donc la bouche, et reçut le morceau de pomme de la main de son père. Aussitôt celui-ci ajouta :

« Je t'investis par là du royaume de France. »

Un troisième fils, nommé Lothaire, s'approcha à son tour, et fit comme le précédent.

« Par ce quartier de pomme, lui dit son père, je te donne l'investiture du duché de Lorraine. »

Voyant cela, Gobant se repentit et vint dire à l'empereur :

« Mon père, à présent j'ouvre la bouche; donnez-moi une tranche de pomme.

— Il est trop tard, répondit Charles; tu n'auras ni pomme ni terre. »

Et chacun se moqua de Gobant par cette phrase, qui devint bientôt proverbiale : *À tard bâilla Gobant.*

C'est, en effet, la coutume des seigneurs et des princes d'investir leurs vassaux des fiefs les plus importants par la remise d'un gant ou d'un autre objet de vil prix.

### 36. *L'avis de Louis VII décide du choix d'un évêque.*

L'évêque de Paris étant mort, les chanoines, qui avaient à faire l'élection de son successeur, voulurent, avant de se décider, consulter le roi Louis.

« Quels sont les meilleurs clercs de votre église? » leur dit-il.

Ils en désignèrent deux qui éclipsaient tous les autres par leur science et leur renommée : l'un s'appelait maître Maurice, l'autre maître Pierre le Mangeur.

Le roi demanda lequel des deux était le plus zélé pour le salut des âmes, le plus occupé de la prédication et des intérêts spirituels. Ils répondirent que Maurice était plus ardent à prêcher la parole de Dieu, plus empressé de gagner les âmes, et Pierre plus versé dans la connaissance des Écritures.

« Eh bien! dit le monarque, mettez le premier à la tête du diocèse, et chargez le second de la direction des écoles. »
Ainsi firent-ils, et tout le monde s'en trouva bien.

### 37. *Une nouvelle [femme de] Putiphar.*

Une certaine reine de France s'était éprise de maître Gilbert de la Porrée. Elle l'appela un jour auprès d'elle, et s'efforça de lui faire partager son amour. Remarquant qu'il avait de fort belles mains, elle lui dit, en les prenant :
« Oh! comme ces doigts délicats seraient bien faits pour toucher ma chair! »
Mais lui, retirant vivement sa main, s'écria :
« Ne parlez pas de cela, Madame! Si je faisais un pareil usage de ces doigts, avec lesquels pourrais-je manger ensuite? »
Il voulait dire qu'il les considérait comme immondes et n'oserait plus, après cela, les porter à sa bouche.

### 38. *Paroles édifiantes de Philippe Auguste.*

Le roi Philippe étant sur mer, en allant à la croisade de Palestine, il s'éleva une violente tempête. C'était la nuit. À tout instant, il demandait à ceux qui l'entouraient quelle heure il était. Lorsqu'il apprit enfin qu'il était minuit, il se mit à rassurer tout le monde, matelots et passagers, leur disant :
« Vous ne pouvez pas périr, car en cet instant, dans tout le royaume de France, se lèvent des milliers de religieux qui vont prier pour nous; ensuite se lèveront tous les prêtres séculiers, qui en feront autant. Puis ce seront des messes célébrées partout par les religieux; puis d'autres messes dites par les séculiers. Vous voyez bien que nous sommes sauvés. »
La tempête se calma, en effet, et cela fut attribué à cette preuve insigne de foi.

Le même roi Philippe disait, au moment de mourir :
« Combien avais-je, dans ma cour, de sergents audacieux et forts, qui obéissaient à mon moindre signe et

couraient à toute vitesse là où je les dépêchais! Aujourd'hui je n'en ai plus un seul qui ait la force et l'audace d'aller en avant pour me préparer mon logis. »

Il passait une fois dans un village, lorsqu'un prêtre du pays vint le trouver pour réclamer un fief qui lui appartenait et qui, étant situé au milieu d'une forêt royale, avait été usurpé, disait-il, par certains baillis. Il répondit vivement :
« Non; je ne vous le rendrai pas.
— Alors, dit le prêtre, je sais bien ce que je ferai.
— Et que ferez-vous?
— Je porterai plainte contre vous.
— Et qui pourra faire justice de moi?
— Certes, monseigneur, j'ai à ma disposition quelqu'un d'assez puissant pour cela. C'est le roi du ciel, qui est plus grand que vous, et je lui ferai ma plainte lorsque je le tiendrai entre les mains, à l'autel.
— Par Dieu! s'écria le roi, il a raison. Gardez-vous bien de déposer votre plainte. Je vais vous faire restituer tout ce que vous réclamez. »

Philippe avait deux chapelains, dont l'un disait la messe très longuement et l'autre très vite.
« Pourquoi donc, demanda-t-il au premier, êtes-vous si long à célébrer?
— Parce que, répondit celui-ci, quand je me trouve avec mon Seigneur et mon Dieu, j'éprouve une telle jouissance que je ne puis m'y arracher.
— Et vous, dit-il au second, pourquoi êtes-vous si pressé?
— Parce que, monseigneur, j'ai tellement peur de commettre une irrévérence ou d'avoir une pensée frivole en présence de Dieu, que je me hâte le plus possible d'arriver à la fin. »
Le roi réfléchit un moment, puis tira de là cette conclusion : « Bonne est la messe longue, bonne est la messe courte. »

39. *Le roi de France ne se dédit pas.*

Le roi Philippe avait auprès de sa personne un pauvre clerc qui suivait à pied sa chapelle partout où il la faisait transporter. Un certain jour, la cure de Péronne vint à vaquer; c'était un bénéfice à sa disposition, et valant environ cinq cents livres. Les gens qui l'entouraient ne voulurent l'informer de cette vacance qu'après son dîner, parce que c'était le moment où il était de meilleure humeur. Profitant du répit, le pauvre clerc l'aborda au moment où il se trouvait seul dans sa chapelle et se levait pour sortir.

« Seigneur, lui dit-il, il y a un office disponible à Péronne; il me conviendrait fort.

— Et lequel? demanda le roi.

— Oh! celui qui en jouit sonne les cloches, ferme les portes de l'église, et fait plusieurs autres choses.

— Eh bien! je prendrai conseil là-dessus.

—Ah! seigneur, si vous prenez conseil, cela prendra du temps, et je ne l'aurai jamais.

—Allons! je m'en dispenserai; je te le donne tout de suite. »

Après le dîner, les autres clercs entourèrent le monarque et le prièrent de disposer du bénéfice vacant.

« Il n'est plus vacant, dit-il; je l'ai donné à mon clerc de chapelle. »

Tous se récrièrent, disant qu'un tel personnage n'était pas apte à remplir une telle charge et qu'elle était bien trop importante pour lui.

« C'est un revenu de cinq cents livres pour le moins!

— Ah! s'écria le roi, il m'avait bien dit, le fripon, que, si je prenais conseil, il ne l'aurait pas. Mais il l'a maintenant; qu'il le garde! »

40. *Comment on forçait le roi Philippe à réparer ses torts.*

Le roi Philippe Auguste, se trouvant une fois pressé par le besoin d'argent, fit saisir dans une grange appartenant à l'ordre de Cîteaux des bœufs, des porcs et d'autre bétail. Dès que les moines le surent, ils lui députèrent un des leurs, en lui faisant cette recommandation : « Exposez au roi notre requête le plus brièvement que vous pourrez, et, quelque petite restitution que vous obteniez, acceptez-la. »

Le bon religieux arriva à la cour, et s'exprima ainsi :

« Nous avions des bestiaux. Vous les avez pris : rendez-les. »

Puis, voyant qu'on apprêtait des plats de viande de bœuf, il demanda si cette viande provenait des bêtes de son couvent. « Probablement, lui dit-on. » Alors il s'en fit apporter, et mangea de tous les plats avec un superbe appétit, au point d'étonner tous les assistants.

Le roi, apprenant cela, le fit appeler et le questionna :

« Pourquoi vous conduire de la sorte ?

— Par obéissance, monseigneur. On m'a donné l'ordre de vous parler le plus laconiquement possible; je l'ai fait. On m'a enjoint de prendre la plus petite part de bétail que je pourrais récupérer; je l'ai fait. Pour le reste, vous nous le rendrez quand vous en aurez le moyen. »

Philippe, désarmé, restitua aussitôt le tout.

## 41. *Le trafic des bénéfices.*

L'évêque de Chartres demandait au roi Philippe, dont il était le parent, de lui accorder la première prébende qu'il aurait à donner. Le prince y consentit avec bonté et le lui promit. Un canonicat vint bientôt à vaquer; mais Philippe oublia sa promesse.

L'évêque lui écrivit en l'accusant de l'avoir trompé, puisqu'il ne lui avait pas octroyé le premier bénéfice vacant et qu'il n'en avait pas d'autre à lui donner en place.

« Je n'ai nullement violé ma parole, répondit le roi, car je ne donne point de pareilles faveurs; je les vends. »

Et, en disant cela, il était dans le vrai.

## 42. *De l'avantage d'être maigre.*

Le roi Philippe Auguste se rendit un jour à Saint-Denis, parce que les moines de l'abbaye, ne pouvant s'accorder sur le choix d'un abbé, avaient remis l'élection entre ses mains, par compromis. Il les fit tous assembler devant lui. À peine, dans le nombre, s'en trouva-t-il un qui n'eût la mine fleurie.

Alors le roi, prenant le bâton pastoral, parcourut trois
ou quatre fois les rangs des religieux, et, voyant qu'ils
étaient tous gros et gras, s'arrêta devant le seul qui offrît
un type de maigreur ascétique :

« Tiens, lui dit-il en lui remettant l'insigne du commandement, mange à ton aise, jusqu'à ce que ton visage
devienne aussi plein que celui des autres. »

### 43. *La justice de Philippe Auguste.*

Le roi Philippe contraignit une fois certain bourgeois de
Paris à lui prêter une somme importante : plusieurs
milliers de livres. C'était dans un moment de disette
extrême. Le bourgeois, pris d'un scrupule, résolut, de
concert avec son épouse, de faire d'abondantes aumônes
et d'y consacrer une somme égale à celle qu'il avait prêtée
au roi.

Or, un jour qu'il était en train de distribuer une grosse
quantité de deniers, le monarque en personne vint à
passer devant sa porte. Mais telle était l'affluence des pauvres, que Philippe ne put parvenir à poursuivre son
chemin. Voyant ce qui se passait, il demanda à l'un de ses
gardes quel était ce personnage fastueux, assez riche pour
faire des libéralités que lui-même n'aurait pu se permettre.
Il apprit que c'était celui qui refusait naguère de lui accorder un prêt. S'imaginant alors que le bourgeois jetait son
argent par désespoir, il l'appela auprès de lui, et s'enquît
du motif qui le faisait agir ainsi.

« Voici ma raison, dit le bourgeois. J'ai deux seigneurs à
la fois : le premier est le seigneur de mon âme, le second
est le seigneur de mon corps. J'ai cru qu'il était de mon
devoir d'offrir autant à l'un qu'à l'autre. »

Philippe répartit généreusement :

« Je ne veux pas du tout être comparé au premier, et
j'entends que vous ne me traitiez pas comme son égal. »

Et aussitôt il fit rendre au bourgeois tout l'argent qu'il
lui avait extorqué.

Le même prince, étant harcelé avec obstination par un
plaignant, finit par lui demander, impatienté :

« Je ne vous écouterai pas.

— Mille remerciements, fit l'autre.

— Et de quoi? reprit Philippe étonné.

— Parce qu'au moins vous m'avez expédié d'un seul mot, et que vous ne m'avez pas fait consumer mes biens dans l'attente de votre sentence. »

## 44. *L'ombre du roi Philippe fait peur aux Anglais.*

Banni de France pour quelque mauvais tour, le jongleur Hugues le Noir se réfugia à la cour d'Angleterre. Là, le roi Jean le conduisit un soir à certains cabinets, où il avait fait peindre sur la porte, à l'intérieur, son rival Philippe Auguste avec un seul œil.

« Vois donc, dit-il en lui montrant cette image grotesque, vois donc, Hugues, comme j'ai arrangé ton roi.

— Vraiment, répondit le jongleur, vous êtes un homme sage.

— Pourquoi donc? reprit le roi d'Angleterre.

— Parce que vous l'avez fait peindre en cet endroit.

— Que veux-tu dire?

— Je veux dire qu'il serait merveilleux qu'en le regardant vous ne fussiez pas tous dévoyés. »

## 45. *L'histoire du meunier Sans-Souci au XIIIe siècle.*

Le roi Philippe, lorsqu'il se rendait dans sa terre de Gâtinais, aimait à goûter le vin d'une certaine vigne qui appartenait à une vieille femme du pays. Le bailli de l'endroit, pour faire sa cour, demanda instamment au mari de cette femme à acheter sa vigne; mais celui-ci ne voulut absolument pas. L'homme étant venu à mourir, le bailli insista auprès de la veuve; mais ce fut en vain.

Pour en venir à ses fins, il envoya un jour des ouvriers dans la vigne, dit qu'il l'avait achetée au mari, et en prit possession par la force. La pauvre femme attendit l'arrivée du roi, et, quand il fut là, porta plainte contre le bailli. Le prince, embarrassé, dit à son officier d'amener des témoins, car c'était le seul moyen de faire cesser cette réclamation scandaleuse.

Le bailli amena, en conséquence, deux témoins, et le roi dit en particulier à l'un d'eux :

« Vous savez le *Pater noster*?

— Certainement, répondit-il.

— Eh bien!, récitez-le moi en garantie de la déposition que vous allez faire. »

Notre homme s'exécuta et récita le *Pater*; puis le roi le renvoya. Il appela ensuite le second et lui dit :

« Votre compagnon a tenu un langage aussi véridique que le *Pater noster*. Dites-moi à votre tour la vérité, et je vous renverrai libre. »

Alors cet homme raconta que le bailli les avait menés, au milieu de la nuit, sur la fosse du mort, qu'ils l'avaient déterré, et que le bailli lui avait pris la main en disant : « J'achète ta vigne en présence de ces deux témoins, et pour tel prix. » Et il lui avait posé l'argent sur la poitrine; et ils l'avaient rendu ensuite à sa sépulture.

Le premier témoin, rappelé, fut obligé de confesser le fait. Philippe leur fit prêter serment à tous deux, et, la vérité étant pleinement reconnue, il donna l'ordre qu'on pendît le bailli et qu'on restituât la vigne à la femme.

Celle-ci, à sa mort, légua la vigne au roi, qui y fit bâtir une chapelle, la dota et la donna à un de ses petits-neveux.

## 46. Le « *trottier* » du roi traité en grand seigneur.

Un des courriers du roi Philippe, de ceux qu'on appelle des trottiers, après être demeuré longtemps à son service, remarqua que les personnages qui avaient un libre accès auprès du roi et lui parlaient familièrement à l'oreille recevaient de toute la cour d'obséquieux hommages, avec les offres de service les plus empressées. Il s'enhardit une fois à dire au monarque :

« Seigneur, il y a de longues années que je vous sers, et je n'ai jamais reçu de vous aucune récompense; je ne vous en demande qu'une seule, et qui ne vous coûtera rien.

— Soit, lui dit son maître.

— Je vous demande que chaque jour, au moment où vous serez entouré de votre cour, et devant la foule assemblée, vous m'écoutiez jusqu'à ce que je vous aie récité tout bas, dans le tuyau de l'oreille, un *Pater noster*. »

Philippe, étonné, y consentit. Et aussitôt qu'il se fut

prêté à cet étrange désir, les courtisans, frappés de la familiarité avec laquelle un simple trottier parlait tous les jours à son souverain, comblèrent notre homme d'honneurs, l'accablèrent de cadeaux et le chargèrent de présenter toutes leurs pétitions.

### 47. *Bons mots de Philippe Auguste.*

Un jour, le roi s'en allait par certaine rue, lorsqu'il rencontra un ribaud qui lui demanda l'aumône, sous prétexte qu'il était son parent.

« Et de quel côté es-tu mon parent? fit-il.

— Du côté d'Adam.

— Ah! bien. Donnez-lui une obole, commanda-t-il à ses gens.

— Ce n'est pas là un don royal, observa le mendiant.

— Mon ami, répondit le roi, si j'en donnais seulement autant à tous ceux qui sont de mon lignage par ce côté-là, il ne me resterait plus rien pour moi. »

Le même prince avait une fois la fièvre, et il voulait se désaltérer avec du vin. Or, son médecin refusait de lui donner autre chose que de l'eau rougie.

« Au moins, dit-il, permettez que je boive le vin d'abord et l'eau ensuite; le mélange sera le même. »

Le médecin finit par consentir. Mais, quand Philippe eut bu le vin, il repoussa l'eau en disant :

« Maintenant je n'ai plus soif. »

Un jongleur, de basse origine, vint une fois offrir une pièce de vers au roi Philippe.

« De qui es-tu le fils? lui demanda ce dernier.

— Seigneur, je suis le neveu d'un noble chevalier, plein de vertu et d'esprit.

— Cela me rappelle, reprit en se moquant le prince, le mulet que l'on interrogeait sur sa naissance. Il ne voulait pas avouer que son père était un âne. Je suis, répondit-il, une créature de Dieu. Puis, sur une question plus précise : Je descends d'un noble destrier. Enfin, donnons quelque chose à ce jongleur, car il est fils de vilain, et il ne ment pas à sa race. »

### 48. *Le roi Philippe est berné à son tour.*

Le roi Philippe avait une fois de pauvres étudiants à sa table. À la fin du repas, il vit l'un d'eux mettre soigneusement en réserve une part de chapon. Il l'appela auprès de lui un instant après, et lui dit en particulier :

« Quelle science étudiez-vous ?

— Monseigneur, j'étudie la théologie.

— Eh bien ! ne dit-on pas dans la théologie : Il ne faut jamais songer au lendemain ? Pourquoi donc avez-vous mis de côté ce morceau de chapon ?

— Monseigneur, répondit l'étudiant sans se déconcerter, c'est que justement je ne voulais pas renoncer à songer ; je me proposais de méditer. »

Une autre fois, le roi Philippe se plaignait devant certain abbé d'un violent froid aux pieds. L'abbé lui apprit alors que, dans son abbaye, on fabriquait des socques si bien conditionnés, que celui qui les portait n'avait jamais froid.

« Envoyez-m'en donc une paire », dit le roi.

Bientôt après, l'abbé lui envoya une botte de paille bien blanche et bien propre. Philippe ne voulut plus entendre parler des socques de l'abbaye.

### 49. *L'âme de Philippe Auguste délivrée par saint Denis.*

Une noble femme, qui était dame de Beaujeu et dont la sœur avait épousé le roi Philippe de France, avait raconté ce qui suit au frère Étienne de Bourbon, et plusieurs autres personnages lui avaient fait le même récit.

À Rome, dans la maison d'un cardinal, se trouvait un malade désespéré des médecins, qui était étendu, sans force, sous la voûte du ciel, car il s'était fait transporter au grand air pour attendre la mort. On l'avait laissé seul un moment, lorsqu'il vit tout à coup apparaître à ses yeux le bienheureux saint Denis, martyr et premier apôtre des Gaules, conduisant devant lui ledit roi Philippe. L'apparition lui demanda ce qu'il faisait, couché par terre, et s'il connaissait celui qui s'offrait à ses regards.

« Je suis, répondit-il, un pauvre malade qui n'a plus rien à espérer pour le salut de son corps et qui attend l'instant suprême. Et vous, d'où venez-vous? Qui êtes-vous? Et qui donc emmenez-vous ainsi?

— Moi, dit le saint, je suis Denis l'Aréopagite. Je viens de délivrer l'âme de ce pauvre Philippe, qui a quitté son corps tout récemment et que les démons entraînaient pour la plonger avec eux dans l'enfer. Je suis parvenu à la leur arracher, mais ce n'a pas été sans peine. Le Seigneur m'a commandé, ainsi qu'aux autres saints, de la réserver seulement pour la peine du Purgatoire, d'où elle sortira un jour saine et sauve, et cela parce qu'elle a honoré les saints, célébré leurs fêtes, protégé les églises, défendu les Saints lieux. Levez-vous maintenant, car vous êtes guéri, et courez annoncer cette nouvelle à votre maître, afin qu'il fasse prier pour le défunt. »

À ces mots, la vision s'éloigna, et le moribond, ayant retrouvé toutes ses forces, fit ce qu'on lui avait ordonné. Le cardinal nota l'heure de l'apparition; il expédia en France un courrier avec des lettres, et il se trouva qu'à la même heure le roi avait rendu le dernier soupir.

## 50. *Les raisonnements du sultan Saladin.*

Le sultan Saladin, étant à l'article de la mort, envoya chercher, dit-on, le meilleur chrétien, le meilleur juif et le meilleur sarrasin que l'on pourrait découvrir. Quand ils furent devant lui, il demanda d'abord au juif :

« Quelle est la plus sûre de toutes les lois religieuses?

— C'est la mienne, répondit naturellement le fils d'A-braham.

— Et si vous abandonniez votre loi, laquelle embrasse-riez-vous?

— J'embrasserais celle des chrétiens, qui, du reste, pro-cède de la nôtre. »

Les mêmes questions furent ensuite posées au païen.

« Ma religion, dit-il, est supérieure aux autres; mais, si je venais à y renoncer, j'adopterais certainement la religion chrétienne, car la nôtre dérive d'elle. »

Enfin le chrétien eut à subir un interrogatoire identique.

« La meilleure religion, s'écria-t-il, c'est évidemment le christianisme; et, si j'avais le malheur de le quitter, je m'empresserais de choisir... le christianisme. »

Alors Saladin :

« Ces deux-ci s'accordent à dire que, s'ils abjuraient leur foi, ils donneraient leur préférence à la foi chrétienne. Le troisième déclare que pour rien au monde, il n'en voudrait embrasser une autre. Par conséquent, c'est celle-là qui est la bonne; c'est elle que je veux professer. »

Et il se fit, à ce que l'on raconte, administrer le baptême.

Le même sultan, à son instant suprême, voulut qu'on lui apportât son suaire, et le fit promener par quatre soldats au bout de leurs lances, à travers les bourgs et les cités, avec ordre de répéter partout ces paroles : « Le grand Saladin, seigneur de douze royaumes, n'emporte pas autre chose de ce monde. »

C'est encore lui qui, apprenant que le roi Jean possédait une épée avec laquelle il tranchait en deux, jusqu'à la selle, un chevalier tout armé, le fit prier de lui envoyer cette arme redoutable. Quand il l'eut reçue, il fit placer devant lui un homme condamné à mort, revêtu d'une armure; puis il chargea un de ses soldats, le plus robuste et le plus brave qu'il put trouver, de le trancher par moitié. Mais celui-ci ne put en venir à bout. Alors il renvoya le glaive au roi Jean, en lui mandant qu'il l'avait trompé et ne lui avait pas transmis la véritable épée dont on disait tant de merveilles. Le roi lui fit répondre :

« Je vous ai bien envoyé l'épée; mais je ne vous ai pas envoyé le bras qui la manie. »

Une autre fois, comme il retenait un chevalier en prison, il apprit par ses gardes que l'infortuné ne cessait ni jour ni nuit de soupirer après sa terre natale. Il le fit venir en sa présence et lui dit :

« Y a-t-il des bois dans votre pays?

— Non, seigneur, répondit le prisonnier.

— Y a-t-il des fleuves?

— Pas davantage.

— Eh bien! vous êtes libre d'y retourner; car, à mon avis, il serait impossible de vous trouver une plus grande et plus dure prison. »

Et, là-dessus, il le renvoya.

### 51. *Comment les fautes des chrétiens convertirent un juif.*

Un juif était arrivé, par son savoir et son obséquiosité, à se faire bien voir du pape ainsi que de l'empereur Frédéric. Il était devenu, en quelque sorte, leur familier. Ils l'engagèrent maintes fois à se convertir, en lui promettant les plus grandes faveurs; mais jamais ils ne purent le décider. Enfin, un beau jour, il se convertit de lui-même et devint un chrétien convaincu. L'empereur lui en ayant demandé la raison, voici l'étrange explication qu'il lui donna :

« J'ai embrassé votre religion, monseigneur, parce que je vois tous les adversaires de la foi, tous les incrédules, et même vous tous, les chrétiens, travailler de concert, chacun à votre façon, au renversement de l'Église catholique, sans pouvoir seulement parvenir à l'ébranler. Du moment que vos efforts réunis n'ont pas d'autre résultat, il faut vraiment que sa solidité et son infaillibilité soient à toute épreuve. Voilà l'argument qui m'a paru décisif. »

### 52. *Comment Blanche de Castille fit sans sortir de Paris le pèlerinage de Saint-Jacques.*

L'évêque Guillaume de Paris savait que les Frères Prêcheurs de cette ville étaient endettés et qu'ils ne pouvaient satisfaire à leurs obligations. Il s'en alla trouver la reine Blanche, dont il était le confesseur; et, comme elle devait partir en pèlerinage à Saint-Jacques de Compostelle, qu'elle avait fait des préparatifs considérables et fort coûteux, il lui demanda si tout était bien prêt.

« Oui, seigneur, répondit-elle.

— Eh bien! madame, vous avez fait beaucoup de dépenses inutiles pour être glorifiée aux yeux du monde, pour étaler votre magnificence au pays d'où vous êtes sortie : tout cela ne pouvait-il pas trouver un meilleur emploi?

— Parlez, seigneur, fit la reine; je suis disposée à suivre vos conseils.

— Je ne vous en donnerai qu'un, mais un bon, et je m'engage à répondre pour vous, sur ce point, au tribunal du juge suprême.

« Voilà nos Frères Prêcheurs, qui sont appelés les frères de Saint-Jacques, et qui ont pour quinze cents livres de dettes ou environ. Prenez la gourde et le bâton, et allez à Saint-Jacques, c'est-à-dire à leur couvent : là, vous leur remettrez la somme. C'est moi qui modifie ainsi votre vœu, et qui prend l'entière responsabilité de la chose. Croyez-moi : vous vous en trouverez mieux que de tout le faste et de tout l'appareil superflu dont vous vouliez vous entourer. »

Et la reine, en femme très sage, acquiesça au désir du saint homme.

## 53. *Parole profonde de saint Louis.*

Le roi Louis de France, celui qui règne actuellement, dit un jour une excellente parole, laquelle fut répétée par un religieux qui se trouvait là et qui l'entendit de sa bouche.

Un matin, alors que ce prince était encore tout jeune, une quantité de pauvres était rassemblée dans la cour de son palais et attendait l'aumône. Profitant de l'heure où chacun dormait encore, il sortit de sa chambre, seul avec un serviteur chargé d'une grosse somme en deniers, et sous le costume d'un écuyer; puis il se mit à distribuer le tout de sa propre main, donnant plus largement à ceux qui lui semblaient les plus misérables.

Cela fait, il se retirait dans son appartement, lorsqu'un religieux, qui avait aperçu la scène dans l'embrasure d'une fenêtre, où il s'entretenait avec la mère du roi, se porta à sa rencontre et lui dit :

« Seigneur, j'ai parfaitement vu vos méfaits.

— Mon très cher frère, répondit le prince tout confus, ces gens-là sont mes soudoyers; ils combattent pour moi contre mes adversaires et maintiennent le royaume en paix. Je ne leur ai pas encore payé toute la solde qui leur est due. »

## 54. *Le roi Louis à l'article de la mort.*

Le roi de France (saint Louis) était malade jusqu'à la mort, désespéré des médecins. Il se fit coucher sur la cendre, appela tous ceux qui se trouvaient là, et leur dit :

« Voyez! Moi qui étais le plus riche et le plus noble seigneur de l'univers, moi qui étais plus puissant que tous les

autres hommes, qui les dominais par le rang, par la fortune, par le nombre de mes amis, je ne puis même pas
extorquer de la mort le moindre délai ni de la maladie une
seule heure de répit! Que valent donc toutes ces choses? »

En l'entendant parler ainsi, les assistants sanglotaient.
Mais, contre toute attente, le Seigneur le guérit au
moment où on le croyait déjà mort. Il se releva, rendit
grâce à Dieu, et c'est à la suite de cela qu'il prit la croix.

### 55. *Jugement royal rendu le Vendredi saint.*

Le roi saint Louis avait pris l'habitude de lire, tous les
Vendredis saints, le psautier tout entier, depuis le commencement jusqu'à la fin.

Or, une année, certain personnage, appartenant à une
noble famille, se trouvait détenu au Châtelet, en raison de
nombreux forfaits qu'il avait commis. Le grand Vendredi
arrivé, le roi se retira dans sa chapelle et s'absorba dans
son pieux exercice. Mais les parents et amis du prisonnier
vinrent le relancer jusque dans le sanctuaire, conduits par
son propre fils et par les princes ses frères.

En les apercevant, il posa le doigt sur le verset où il en
était resté, afin de recommencer à cet endroit sa lecture
interrompue. Un des seigneurs, qui avait reçu la mission
de parler au nom des autres, lui dit en l'abordant :

« Très illustre sire, c'est aujourd'hui un jour de grâce et
de miséricorde. À pareil jour, notre Sauveur nous a rache-
tés, et du haut de la croix a pardonné au larron; il est
mort en priant pour ses bourreaux. Or, nous tous, ici
présents, nous nous mettons à vos genoux, très illustre
sire, et vous supplions humblement de suivre l'exemple de
Jésus-Christ, en ayant pitié de ce noble captif qui gémit
dans les cachots du Châtelet. »

Le pieux roi les écouta avec bonté; il s'apprêtait à faire
éclater sa clémence, lorsque, levant le doigt qu'il tenait
appuyé sur le psautier, il lut dessous un verset ainsi conçu :

« Heureux ceux qui gardent la justice et rendent leurs
jugements tous les jours de la vie. »

Il réfléchit un moment; puis, pour toute réponse, il dit
aux suppliants de faire venir le prévôt de Paris, et il se
remit à lire. Ceux-ci, persuadés qu'ils allaient obtenir le

pardon du coupable et sa délivrance, envoyèrent au plus vite après le prévôt.

Le magistrat fut bientôt en présence de son souverain. Louis l'adjura alors de lui énumércr les crimes commis par le prisonnier, s'il en savait le détail. Devant cette sommation, le prévôt, n'osant pas déguiser la vérité, s'exécuta et raconta une série d'énormités à faire frémir.

Le roi, après l'avoir entendu, lui commanda de laisser un libre cours à la justice et de mener le criminel à la potence le jour même, sans avoir égard à la solemnité que l'on célébrait.

## 56. Saint Louis réfute un théologien au milieu d'un sermon.

Un clerc savant prêchait devant le roi Louis, et, dans son sermon, il eut l'occasion de prononcer ces paroles :

« Au moment de la Passion, tous les apôtres abandonnèrent le Christ, et la foi s'éteignit dans leur cœur. Seule, la Vierge Marie la conserva depuis le jour de la Passion jusqu'à celui de la Résurrection; en mémoire de quoi, dans la semaine de pénitence, aux matines, on éteint les unes après les autres toutes les lumières, sauf une seule, que l'on réserve pour les rallumer à Pâques. »

À ces mots, un autre clerc, d'un rang plus éminent, se leva pour reprendre l'orateur :

« Je vous engage, dit-il, à n'affirmer que ce qui est écrit; les apôtres, en effet, ont abandonné Jésus-Christ de corps, mais non de cœur. »

Le malheureux prédicateur allait être obligé de se rétracter en pleine chaire, lorsque le roi, se levant à son tour, intervint.

« La proposition avancée n'est point fausse, dit-il; on la trouve écrite bel et bien dans les Pères. Apportez-moi le livre de saint Augustin. »

On s'empresse d'obéir; le livre est apporté, et, à la confusion du malencontreux interrupteur, le roi montre à qui veut le voir un texte du *Commentaire sur l'évangile de saint Jean*, par l'illustre docteur, ainsi conçu :

« *Fugerunt, relicto eo corde et corpore* (Ils s'enfuirent, l'abandonnant de cœur et de corps). »

### 57. *Conversation de saint Louis et de saint Bonaventure.*

Le roi Louis posa un jour au frère Bonaventure la question suivante : Qu'est-ce que l'homme devait préférer, s'il avait le choix, ou de ne point exister, ou d'exister pour être condamné aux tourments éternels ? Bonaventure lui répondit :

« Monseigneur, cette question suppose deux points : d'une part, l'offense perpétuelle de Dieu, sans laquelle le juge suprême n'infligerait pas une peine éternelle, et, d'autre part, une souffrance sans fin. Comme personne ne saurait accepter de demeurer en état d'hostilité perpétuelle avec Dieu, je pense qu'il vaudrait mieux choisir de ne point exister. »

Alors ce très pieux adorateur de la Majesté divine et ce prince très chrétien ajouta, en se tournant vers les assistants :

« Je m'en tiens à la décision de mon frère Bonaventure, et je vous atteste que j'aimerais mille fois mieux être réduit au néant que de vivre éternellement dans ce monde, et même d'y jouir de la toute-puissance royale, en offensant mon Créateur. »

### 58. *Je dîne avec le roi!*

Le comte de Toulouse était poursuivi en justice, par-devant le roi de France, par certain prieur dont il détenait les biens. C'était au moment où il venait de conclure avec le roi saint Louis un accord en vertu duquel sa fille devait épouser le frère de ce prince, Alphonse, comte de Poitiers, à la condition que, si les deux époux mouraient sans enfants, le comté de Toulouse appartiendrait à la couronne. Le jour même où fut terminé cet arrangement, Raymond traitait le roi à sa table, quand, au milieu du repas, on entendit tout à coup frapper violemment à la porte. Un écuyer du comte vint voir ce que c'était, et reconnut le prieur, qui demandait à entrer.

Il retourna dire à son maître :

« Monseigneur, c'est ce prieur que vous savez.

— C'est bon, cria Raymond, réponds-lui qu'il compte les clous de la porte. Je dîne avec le roi! »

La commission fut faite aussitôt.

« Ah! c'est ainsi? dit alors le religieux. Eh bien! à mon tour, je te charge de porter cette réponse à ton seigneur : Dis-lui qu'il mange le plus qu'il pourra, dans ce festin royal, car il n'aura bientôt plus rien à se mettre sous la dent; il a vendu aujourd'hui l'héritage de ses pères. »

À ce propos, qui lui fut répété, le comte faillit étouffer de rage.

### 59. *Pourquoi Charles d'Anjou se fit donner la couronne de Sicile.*

Le comte de Provence avait trois filles, dont l'aînée était mariée à Charles, comte d'Anjou, frère du roi saint Louis, les deux autres à ce dernier prince et au roi d'Angleterre.

Il arriva qu'un jour les trois sœurs se trouvèrent réunies et durent dîner ensemble. Lorsqu'on fut pour aller se laver les mains, suivant l'usage, les deux plus jeunes s'y rendirent de compagnie, mais n'appelèrent point avec elles leur sœur aînée.

« Il ne sied point, se dirent-elles l'une à l'autre, qu'une simple comtesse vienne se laver avec des reines. »

Celle-ci s'aperçut bien de la chose, et le propos lui fut rapporté : elle en conçut un violent dépit et demeura toute bouleversée. Le soir venu, à peine était-elle couchée auprès du comte, son mari, qu'elle se mit à pleurer. Elle sanglotait et poussait de grands gémissements. Le comte, n'y comprenant rien, lui demanda ce qui pouvait lui causer un pareil désespoir et ce que signifiaient ces lamentations. Elle lui raconta tout, et l'affront que ses sœurs lui avaient infligé, et le langage qu'elles avaient tenu. Alors Charles dit tendrement :

« Ne te désole pas, ma douce amie; à partir de ce soir, je n'aurai pas un instant de repos que je n'aie fait de toi une reine comme tes deux cadettes. »

Et il en fit, en effet, la reine de Sicile.

### 60. *Le supplice du prince Conradin.*

Charles d'Anjou était demeuré vainqueur de Mainfroi et lui avait fait perdre la vie dans une bataille, ainsi qu'à une multitude de ses partisans. Le neveu de l'infortuné prince, Conradin, avait été pris dans la même guerre et emmené captif. C'était un jeune homme très vain, au cour enflé d'orgueil, et qui se croyait le plus noble personnage de l'univers. Toutes les fois que le roi de Sicile lui adressait la parole, il lui répondait avec arrogance.

Un jour, Charles le fit venir en sa présence et lui dit :

« Conradin, si tu me tenais en ton pouvoir comme je te tiens aujourd'hui, que ferais-tu de moi?

— Je vous condamnerais à mort, s'écria-t-il sans hésiter. »

Le roi garda son sang-froid, en homme sage qu'il était, et sourit légèrement. Puis il reprit :

« Ta sentence vient de sortir de ta bouche; le sort que tu m'aurais fait sera le tien.

— Et qui donc, répliqua le jeune prince tremblant de colère, qui donc, sur la terre, oserait toucher à la tête de Conradin? »

Alors le roi, toujours calme :

« Celui qui te fera trancher la tête, ce sera Charles d'Anjou, frère du roi de France, roi de Sicile, porte-glaive de la sainte Église, notre mère. »

Et, sans plus tarder, il manda le bourreau avec des voiles de soie, et fit décapiter le prisonnier en sa présence.

Le bruit de cette fin tragique se répandit dans toute la Sicile, ainsi que dans les contrées environnantes, et les populations furent saisies de crainte.

### 61. *Le marchand de sagesse.*

Dans une ville qui servait de résidence à un grand roi, se tenait, dit-on, une foire très importante. Le fils du roi s'en alla avec ses compagnons visiter les étalages, pour voir s'il ne trouverait pas quelques articles à son goût. Comme il traversait le champ de foire, il aperçut une boutique merveilleusement ornée, décorée de draps d'or et de soie; et cependant elle ne contenait rien. Très étonné, il entra.

À l'intérieur se trouvait seulement un vieillard, assis sur une chaire élevée et tenant à la main un livre, dans lequel il lisait. Le jeune prince lui demanda ce que cela signifiait. Il répondit que cette boutique était celle où se vendaient les marchandises les plus rares et les plus précieuses de toute la foire, surtout pour les hommes appelés à diriger les autres.

« Si vous en voulez, ajouta-t-il, je vous en vendrai pour cent livres et plus.

— Quelles sont donc ces marchandises mystérieuses? fit le prince.

— Ce sont la sagesse et la prudence. »

Le jeune homme lui offrit alors cent livres, et le vieillard écrivit sur une petite cédule ces simples mots : « Dans toutes vos actions, considérez, avant de les faire, à quel résultat elles peuvent vous conduire. » Puis, il lui dit, en lui remettant cette maxime, que, s'il la gardait toujours sous ses yeux, elle lui serait plus avantageuse que la possession d'un royaume.

Bientôt le roi vint à mourir, et son fils lui succéda. Le nouveau monarque fit reproduire le contenu de la cédule tout autour de lui, sur les tables, sur les nappes, sur les serviettes, sur tous les objets à son usage.

Or, il arriva que ses barons ourdirent une conspiration contre lui, et firent un pacte avec son barbier pour que cet homme le tuât. Le barbier voulut tenir sa promesse. Mais, au moment où il rasait le prince et se disposait à lui couper la gorge, les mots inscrits sur la serviette frappèrent ses yeux : il s'arrêta, frémit, et fut saisi d'un tremblement extraordinaire.

Cela parut suspect au roi, qui le fit emprisonner et soumettre à la question. Contraint de dire la vérité, il dénonça ses complices, qui furent arrêtés à leur tour, et, grâce à cette révélation, il échappa lui-même à la mort.

La prédication du vieux marchand de sagesse s'était réalisée.


62. *Les inconvénients de la grandeur.*

Un roi puissant et riche, se voyant admiré et envié par un de ses sujets, voulut lui donner une sage leçon. Il le fit asseoir en haut lieu, sur un trône qui menaçait ruine; ensuite il donna l'ordre d'allumer sous son siège un grand feu; enfin il suspendit au-dessus de sa tête une épée, à peine retenue par un léger fil. Cela fait, il commanda qu'on lui servît des mets délicieux, en aussi grande quantité qu'il voudrait, et lui dit de manger tout à son aise. Mais le pauvre homme répondit :

« Comment pourrais-je manger, quand je suis en proie à des alarmes incessantes, et que d'une minute à l'autre je suis exposé à périr? »

Alors le roi répartit :

« Eh bien! moi, ne suis-je pas sous le coup de menaces plus terribles encore, moi qui ai à redouter le glaive de la vengeance divine et le feu de l'enfer? Pourquoi donc parlez-vous de mon bonheur? »

Un autre souverain régnait sur une cité dont la coutume était telle : le roi ne restait qu'une année sur le trône, et faisait pendant ce temps-là tout ce qu'il voulait; les habitants lui juraient une obéissance absolue. Mais, l'année expirée, il devait partir en exil, et il n'avait plus le droit de revenir ni de transmettre la couronne à ses enfants.

Que fit ce monarque avisé? Tant que le pouvoir fut entre ses mains, il passa son temps à faire transporter dans l'île où ses pareils étaient bannis des monceaux d'or et d'argent, des pierres précieuses, des étoffes de soie, des provisions abondantes, avec des serviteurs de toute catégorie. Le jour vint où il dut s'éloigner : mais alors, grâce à sa prévoyance, il trouva le lieu de son exil changé en lieu de délices.

CHAPITRE IV

# LES SEIGNEURS ET LES CHEVALIERS

*Pour l'Église, le chevalier est le soldat par excellence, celui qui doit défendre le clerc, la veuve et l'orphelin. Le noble est aussi celui qui fait étalage de générosité, de largesse : le vrai chevalier sait donner et dépenser. D'où la condamnation des seigneurs qui se livrent aux pires exactions, qui spolient églises et pauvres. Des chevaliers ont pourtant bien tourné : ceux qui dans l'ordre du Temple œuvrent pour la reconquête des Lieux saints, ou ceux qui, entrés au couvent, expient une exécrable vie de rapine.*

## 63. *Le bien rendu pour le mal.*

Il y eut en Normandie un duc qui s'appelait Richard. C'était un croyant et un homme rempli de piété, qui, dans tous les villages et autres lieux de son domaine où se trouvaient des monastères, ne manquait pas de venir assister aux matines.

Une fois, il arriva dans une de ses terres qui possédait une abbaye d'hommes, et le matin, de bonne heure, n'entendant pas sonner l'office, il crut que le sacristain s'était mis en retard; il se leva donc, se couvrit à la hâte d'un costume plébéien, et vint heurter à la porte de l'église. Le sacristain, ne trouvant pas le procédé de son goût et ne sachant qui c'était, sortit précipitamment, et, sans souffler mot, se mit à rouer de coups celui qui l'avait dérangé.

Le pauvre duc eut la patience de tout souffrir tranquillement et de ne rien dire. Mais, le lendemain, il se rendit solennellement au chapitre et déposa une plainte contre son agresseur, affirmant qu'il l'avait gravement meurtri, et déclarant qu'il ne se tiendrait pas pour satisfait si le prieur ne lui amenait le coupable pieds et poings liés, afin de pouvoir devant tous ses chevaliers lui infliger une telle peine, que toute la France en serait dans l'étonnement. Le malheureux sacristain lui fut donc livré dans cet état.

Alors il le délia, loua bien haut sa vigilance et le proclama le modèle des moines, parce que, tout courroucé qu'il était, il n'avait pas rompu le silence imposé par la règle. Finalement, afin de le récompenser des coups qu'il lui avait donnés, il lui céda, pour lui et ses successeurs, une vigne située non loin de là et qui produisait d'excellent vin.

### 64. *La charité du comte Thibaud de Champagne.*

Le comte Thibaud de Champagne avait admis en sa présence un chevalier ruiné, qui le suppliait de l'aider à marier ses filles : l'infortuné en avait dix! Il ne lui répondit pas, et se prit à réfléchir. Ce que voyant, un homme de sa suite, qui était très riche, bien qu'il fût serf de sa personne, crut devoir l'excuser en disant que le comte n'avait pas de quoi rendre de pareils services à des étrangers. Le chevalier insistait malgré tout, avec l'accent suppliant de l'indigence. Mais l'autre criait encore plus fort, d'un ton féroce :

« Mon maître n'a pas de quoi, vous dis-je!

— Ah! je n'ai pas de quoi? fit Thibaud impatienté. Il ment, car je l'ai du moins, lui qui est mon serf, et je vous le donne. Faites-lui racheter sa liberté à bon prix; vous en aurez bien dix mille livres, et avec cette somme, vous marierez vos filles. »

Le chevalier prit le serf, et fit comme le comte lui avait dit.

### 65. *Thibaud de Champagne chez le lépreux de Sézanne.*

On raconte de Thibaud, comte de Champagne, de vénérable mémoire, qu'il portait d'ordinaire avec lui des chaussures et du cirage, pour les donner de sa main aux pauvres qu'il rencontrait. Il trouvait à cela un double avantage : d'une part, son cœur était mieux disposé à la componction et à l'humilité; de l'autre, les indigents priaient pour lui avec plus d'affection, en voyant un si haut personnage s'abaisser jusqu'à leur rendre lui-même un tel service.

Ce noble seigneur, qui, bien que laïque, était vraiment un homme de Dieu, avait l'habitude de visiter, entre autres, un lépreux logé en dehors de la ville de Sézanne. Il arriva que ce malheureux vint à mourir. Quelque temps après, le comte, passant dans le pays, s'arrêta, suivant sa coutume, à la cabane du lépreux, y entra, et demanda comment il se trouvait.

« Bien, par la grâce de Dieu, répondit cet homme; je n'ai même jamais été mieux. »

Les chevaliers et les serviteurs du comte attendaient en dehors de la maison que l'entretien fût terminé, lorsque plusieurs habitants de Sézanne vinrent au-devant de leur seigneur et, ne le voyant pas, demandèrent aux gens de sa suite ce qu'il était devenu.

« Il est là, leur dit-on; il cause avec le lépreux qui habite ce logis.

— Le lépreux! s'écrièrent-ils. Mais il y a un bon mois que nous l'avons enterré; il est à présent dans le cimetière de telle paroisse. »

Au même instant, le comte sortait de la cabane.

« Monseigneur, lui dirent-ils, pourquoi avoir pris une peine inutile? Ce lépreux que vous alliez voir est mort et enterré. »

Saisi d'étonnement, Thibaud rentra dans la demeure du pauvre homme; mais il n'y trouva plus personne, et sentit seulement que la chambre était pleine d'une odeur embaumée. Dieu avait voulu montrer combien ses œuvres de charité lui étaient agréables.

## 66. *Le Nestor de l'Auvergne.*

L'évêque de Clermont racontait qu'un légat, Romain de nom et de fait, ayant été envoyé en France par le Saint-Siège, et étant passé par cette ville, entendit parler d'un vieux seigneur qui vivait dans le pays et qui avait une réputation de sagesse extraordinaire : il s'appelait le Dauphin de Montferrand. Poussé par la curiosité, il alla le voir, dans l'intention de l'éprouver, et lui posa, entre autres, cette question :

« Qu'y a-t-il de plus utile à l'homme dans cette vie?

— C'est la mesure, répondit le vieillard, ou, si vous l'aimez mieux, la modération.

— Pourquoi cela? demanda le légat.

— Parce que, suivant le proverbe, *mesure dure*.

— Et où se trouve la mesure?

— Elle se trouve dans la médiocrité.

— Mais où est la médiocrité?

— Entre le trop et le trop peu. »

Ce raisonnement excita l'admiration du prince de l'Église, et il se retira tout surpris de rencontrer tant de philosophie chez un laïque.

### 67. *La bibliothèque du marquis de Montferrand.*

En Auvergne vivait dernièrement un grand seigneur que l'on appelait le marquis de Montferrand, et qui était doué d'un esprit naturel des plus pénétrants. Il était très avancé en âge; on disait même qu'il avait bien cent vingt ans. Il avait composé une quantité de poésies sur les rois et les princes, sur les faits et gestes des personnages de son temps, et, pendant quarante ans au moins, il avait consacré tous ses efforts, toute son activité à rassembler les livres des différentes sectes hérétiques répandues dans l'univers et venues à sa connaissance. Cette collection lui avait coûté fort cher. Il lisait sans cesse les volumes qui la composaient, ou se les faisait lire.

Etant tombé malade de la maladie dont il devait mourir, il reçut la visite de quelques frères prêcheurs, qui m'ont rapporté tous ces détails. Entre autres choses qu'ils lui dirent, ils lui exprimèrent la crainte qu'il ne fût entaché d'hérésie; c'était un bruit qui courait dans le pays, à cause des livres dont il faisait une étude assidue et en même temps du voisinage de la terre des Albigeois. Voici ce qu'il leur répondit :

« Il est vrai, j'ai poussé la curiosité jusqu'à travailler pendant une quarantaine d'années à réunir, à grands frais, les écrits de toutes les sectes, jusqu'à les lire, jusqu'à les étudier. Mais, plus je les approfondissais, et plus je me fortifiais dans la foi catholique, plus je prenais en aversion toutes ces doctrines fallacieuses dont je reconnaissais le néant. Aussi, pour témoigner le mépris qu'elles m'inspirent, j'ai fait faire un coffre de bois où j'ai enfermé les plus importants de ces livres, et je l'ai fait placer dans mes cabinets privés, de telle façon que je l'ai sous mes pieds lorsque j'y vais. Il m'a semblé que je ne pouvais mieux marquer mon sentiment à l'égard de ces détestables sectes, qu'en foulant aux pieds leurs productions au moment où je remplis le plus vil office de la nature. Au contraire, j'ai fait mettre les évangiles du Seigneur à la place la plus honorable de mon château.

« Or, savez-vous pourquoi j'ai entrepris la lecture de tous ces ouvrages? C'est précisément parce que ma terre est voisine de la contrée habitée par les Albigeois, et que je voulais, dans le cas où quelqu'un d'entre eux serait venu me prêcher leurs doctrines, être en état de rétorquer leurs traits, de les confondre au moyen de leurs propres assertions et de leurs propres arguments. »

En effet, il fit, en présence des frères, extraire du lieu désigné tous les volumes en question; puis ensuite il les livra aux flammes sous leurs yeux.

## 68. *La fondation de Notre-Dame d'Angers.*

La comtesse d'Anjou était très aimée de son mari. Un jour que le comte revenait de la chasse, il rencontra un potier qui faisait des pots, et il s'amusa à en faire un de ses propres mains. Puis il dit à l'homme de l'apporter à son château avec d'autres. Le potier arriva et trouva la comtesse seule. Voulant faire une plaisanterie, il lui dit :

« Madame, celui qui a fabriqué ce pot-là a partagé son lit avec vous. »

Comme elle restait stupéfaite, il ajouta :

« Mais oui, c'est bien vrai, et je puis en faire le serment. »

Alors la comtesse, prenant cette parole au sérieux, s'écria :

« C'est bien! Je saurai prouver mon innocence. »

Et, saisie de désespoir, elle sauta subitement par la fenêtre.

Elle tomba dans la rivière, qui coulait au-dessous, et eut la chance de ne se faire aucun mal. Entraînée par le courant, elle fut transportée ainsi jusqu'au lieu où s'élève le couvent des religieuses de Notre-Dame d'Angers. C'est en mémoire de ce fait que le comte et la comtesse d'Anjou fondèrent ladite abbaye et la dotèrent de bons revenus.

### 69. *La façon de donner vaut mieux que ce qu'on donne.*

Le comte de Beaumont possédait une belle forêt. Certain religieux vint, un jour, lui demander la permission d'y prendre du bois, pour fabriquer des sièges dont on avait besoin dans son église. C'était, disait-il, pour l'amour de Dieu.

« Allez, allez, s'empressa de répondre un des chevaliers du comte. Monseigneur réfléchira sur votre requête. »

Mais lui, tout aussitôt :

« Non pas, non pas. Dieu m'a donné tout cela sans prendre de délai. Le frère me demande pour l'amour de Dieu : je ne veux pas réfléchir ni tenir conseil; je veux qu'il prenne dans ma forêt tout ce qui sera nécessaire pour le service de mon Seigneur et Maître. »

### 70. *La légende de Robert le Diable.*

Il était une comtesse qui n'avait point d'enfants et qui suppliait ardemment le Seigneur de lui en envoyer; mais il ne l'écoutait pas. À la fin, elle eut recours au diable, et promit de lui vouer son fils, s'il lui procurait le bonheur d'en avoir un. Il accepta, et, bientôt après, elle donna le jour à un enfant mâle, qui fut appelé Robert.

Avec le temps, Robert grandit; mais, plus il croissait en âge, plus la malice se développait en lui. Il avait commencé par mordre le sein de ses nourrices; devenu plus fort, il battait les autres enfants; plus tard, il s'attaqua à tous ceux qu'il put rencontrer, les détroussa, leur donna la chasse. Il enlevait les jeunes filles, faisait violence aux femmes mariées, arrêtait les hommes et les mettait à mort. À mesure que les années s'écoulaient, sa scélératesse allait en augmentant : une fois armé chevalier, il devint un grand criminel. Sa mère, bouleversée par toutes les plaintes qui lui parvenaient sur son compte, lui déclara un beau jour qu'elle ne voulait plus pour rien au monde s'occuper de lui, car elle était bien certaine qu'il ne ferait jamais que le mal.

À ces mots, il se précipita sur elle l'épée à la main, et la menaça de lui passer son arme à travers le corps si elle ne lui disait pas le motif qui la faisait parler ainsi, et pourquoi il se sentait porté au mal avec une telle violence. Saisie de frayeur, elle lui avoua ce qui s'était passé et lui apprit qu'il était voué au diable.

Cette révélation le désespéra. Il quitta tout et se rendit à Rome, cherchant dans sa tête le moyen d'aborder le pape et de lui faire sa confession. Après bien des tentatives inutiles, il l'arrêta de force au milieu d'une procession, se jeta à ses pieds, et déclara qu'il se laisserait tuer plutôt que de ne pas lui parler. Le pape l'écouta, et, quand il connut son cas, il l'envoya à un saint homme qui vivait en reclus, afin de le consulter. Celui-ci, en célébrant sa messe, pria Dieu de l'éclairer sur la pénitence qu'il devait infliger à un pareil coupable, car ses confidences l'avaient rendu fort perplexe.

Alors une colombe descendit du ciel, et lui apporta une charte dont la teneur lui enjoignait d'imposer à Robert les peines suivantes : il ne devait plus parler à personne sans sa permission ; il devait simuler la folie, supporter patiemment les outrages que lui feraient subir les enfants ou toute autre personne, habiter avec les chiens et ne manger que les morceaux qu'il pourrait leur arracher.

Robert accepta cette rude pénitence avec autant de gratitude que si c'eût été un présent du ciel, et promit de l'observer rigoureusement. L'ermite lui tondit les cheveux à la mode des fous ; après quoi l'infortuné se dirigea vers la ville où habitait le roi.

Poursuivi par les gamins, il parvient cependant jusqu'à la cour, livre bataille aux chiens et leur enlève de la gueule les morceaux qu'ils se disputaient. Les courtisans s'intéressent à cette lutte d'un nouveau genre ; ils jettent aux combattants des os et divers aliments ; le roi lui-même, très intrigué de voir cet homme refuser toute autre nourriture, se met à jeter une quantité de victuailles, afin que le soi-disant fou puisse se rassasier. Le soir venu, Robert se couche avec les chiens sur les marches du palais, et là il passe la nuit dans les larmes et l'oraison.

Le roi, le prenant tout à fait en pitié, défendit qu'on le molestât. Sur ces entrefaites, les barbares firent irruption dans le royaume et commencèrent à le ravager; le souverain s'avança contre eux avec ses troupes. Robert, qui s'intéressait vivement à son sort, s'était mis à prier pour lui, lorsqu'un ange lui apparut et lui ordonna de le suivre, afin de recevoir les armes que le ciel lui envoyait.

« Tu iras combattre pour ton seigneur, lui dit-il, et tu reviendras, après la victoire, déposer ces armes à l'endroit où tu les auras prises. »

Il le conduisit ensuite auprès d'une fontaine qui coulait dans les jardins du roi; là, il le revêtit d'une armure blanche, sur laquelle se détachait une croix rouge, et le fit monter sur un cheval blanc. Robert s'élança, rejoignit l'armée, se jeta sur l'ennemi et le mit en déroute. Puis il revint victorieux au lieu d'où il était parti et y laissa ses armes avec son palefroi, comme l'ange le lui avait recommandé.

Or, le roi avait une fille qui était muette et qui, de la fenêtre de sa chambre, avait tout vu. Au retour de la guerre, son père demanda à tous les siens quel était ce chevalier à la blanche armure qui s'était signalé par tant de prouesses; mais personne ne put le renseigner. Alors la muette lui montra du doigt l'homme qu'il prenait pour un fou.

Une seconde fois, les envahisseurs reparurent, avec des forces plus considérables, et Robert, averti de nouveau par l'ange, se porta à leur rencontre, délivra le pays et repoussa tous les ennemis. Pour le coup, le roi ne voulut point le lâcher; il donna l'ordre à ses chevaliers de s'emparer de sa personne et de le lui amener de gré ou de force, pour le récompenser et lui rendre honneur. Un soldat voulut le saisir; mais il ne put en venir à bout, et, en luttant contre lui, il l'atteignit à la jambe avec sa lance, si bien que le fer demeura dans la blessure. Robert revint, comme il l'avait déjà fait, auprès de la fontaine, déposa ses armes, arracha le fer, le jeta, puis lava la plaie en l'arrosant avec du vin. Mais, cette fois encore, la princesse avait tout observé : elle accourut et ramassa le fer de lance.

Le roi fit proclamer partout que, si le vainqueur se présentait, il lui donnerait sa fille en mariage et le déclarerait héritier de son royaume. Alors un des grands officiers, le sénéchal, jaloux d'obtenir une si haute faveur, se fit lui-même une blessure à la jambe et rapporta à son maître un fer de lance quelconque. On le crut sur parole : le soldat qui avait frappé Robert, bien qu'il reconnût l'imposteur, n'osait point le démasquer. On allait procéder aux épousailles. La jeune fille avait beau protester par gestes et par signes, montrer le fou, repousser le sénéchal : son père ne pouvait comprendre. Pour la forcer, il alla jusqu'à la battre. Tout à coup, ô stupeur! le Seigneur lui délie la langue. Elle parle, elle raconte tout au long ce qu'elle a vu; puis elle va chercher le fer, le soldat le reconnaît, et devant tout le monde le fixe au bout de sa lance, où il s'ajuste parfaitement. Par une permission du ciel, l'ermite qui avait imposé à Robert sa pénitence arrive au même instant, et lui ordonne de révéler la vérité tout entière.

Le brave chevalier lui obéit à son corps défendant. Aussitôt le roi lui offre la main de sa fille, qui était son unique enfant, et veut lui céder immédiatement son trône : il refuse. Il résiste même aux vassaux de son propre père, qui, ayant appris ses prouesses, sont venus le supplier de régner sur eux. Il renonce à tout, et se remet en route avec l'ermite.

La vie de Robert s'acheva dans la solitude et la pénitence.

## 71. *Où Godefroid de Bouillon puisait sa force.*

Godefroid de Bouillon, le premier des Français qui régna sur Jérusalem, s'était emparé, par la force des armes, d'Antioche, de la Judée, de la Syrie; il avait occis ou chassé par milliers les immondes Sarrasins. Tout le monde admirait sa bravoure et sa force, car pas un mécréant ne pouvait lui résister ni soutenir le choc de sa lance.

Au temps de la trêve, quelques-uns de ces Turcs, poussés par la curiosité, lui envoyèrent des présents, vinrent le voir, et lui demandèrent d'où venait à son bras une si étonnante puissance.

Pour toute réponse, il saisit son épée et fendit en deux la tête d'un cheval.

Ils se regardèrent et se dirent entre eux :

« C'est à la vertu de son épée, c'est à la trempe de la lame qu'il doit toute sa valeur. »

Alors il se fit prêter un de leurs glaives, et fendit un autre cheval aussi aisément que le premier.

Leur étonnement grandit; ils voulurent absolument connaître la cause de cette force merveilleuse, car enfin cet homme n'était pas au-dessus des autres mortels. Il finit par se rendre à leurs prières et leur dit ces simples mots :

« Sachez, païens, que cette main est pure et qu'elle n'a jamais touché la chair d'une courtisane! »

### 72. *Bravoure et sainteté des premiers Templiers.*

Les chevaliers de l'ordre du Temple qui meurent pour la défense de l'Église sont réputés martyrs. On lit, à ce propos, dans les anciennes histoires, que, le roi de Jérusalem ayant tenu la ville d'Ascalon très longtemps assiégée et n'ayant pu vaincre la résistance acharnée des Sarrasins, quelques vaillants chevaliers du Temple se firent prendre par ces derniers et furent, en haine du nom chrétien, pendus au-dessus de la porte de la ville, sous les yeux de tous. Le roi et les autres frères de la milice virent ce spectacle avec un tel sentiment d'horreur, ils en furent si profondément bouleversés, que, sous l'empire de la douleur et du désespoir, ils voulurent abandonner le siège. Le grand maître du Temple, qui était d'un courage éprouvé et d'une foi robuste, les détourna de cette idée et s'écria :

« Vous voyez ces martyrs suspendus à leur potence. Eh bien! sachez qu'ils nous ont précédé auprès du Seigneur, et qu'ils ont été le trouver pour obtenir de lui la reddition de la ville. »

Et l'événement lui donna raison; car, deux jours après, ils s'emparèrent de la place contre toute attente.

Dans les premiers temps de cet ordre religieux, les chevaliers qui en faisaient partie passaient partout pour des saints. Aussi se trouvaient-ils en butte à la haine acharnée des Sarrasins. Il arriva une fois qu'un noble seigneur, qui était venu de France pour accomplir le pèlerinage de Terre sainte, fut pris par ces païens avec plusieurs frères du Temple. Comme il était chauve et barbu, ils le prirent pour un Templier et l'envoyèrent à la mort avec ceux qui appartenaient à l'ordre. Les chevaliers séculiers avaient seuls la vie sauve; on se contentait de les emmener captifs. Les Sarrasins lui dirent :

« Tu es un Templier. »

Il répondit, comme le voulait la vérité :

« Je ne suis qu'un chevalier laïque et un pèlerin.

— Ce n'est pas vrai, répliquèrent-ils; tu es un Templier. »

Alors, par un beau mouvement de zèle religieux, il tendit le cou et s'écria :

« Eh bien! au nom du Seigneur, que je sois fait Templier! »

À ce mot, le glaive s'abattit sur sa tête, et le nouveau frère s'en alla rejoindre au ciel les autres chevaliers du Temple, partageant leur gloire comme il avait partagé leur supplice.

Quelques membres de cette sainte milice montraient une telle ardeur pour le jeûne et les mortifications corporelles, que, sous les armes et dans les combats contre les Sarrasins, ils succombaient facilement par excès de faiblesse.

On rapporte que l'un d'entre eux, qui était d'une piété plus vive que discrète, ayant été frappé d'un coup de lance dès le début d'un engagement, tomba aussitôt de son cheval. Un autre frère accourut le relever, au péril de sa propre vie. Mais un second coup l'atteignit immédiatement : il tomba derechef. Son compagnon vint encore le relever, et lui fit, cette fois, des reproches bien sentis sur ses jeûnes immodérés :

« Seigneur Pain-et-Eau, ajouta-t-il, prenez garde à vous; car, si vous retombez de nouveau, jamais plus je ne vous relèverai. »

Il l'appelait Pain-et-Eau par manière de plaisanterie, en raison des excès d'abstinence qui lui avaient enlevé toute sa force.

Un autre soldat du Christ, se trouvant en face d'une

multitude de Sarrasins, éprouva un tel sentiment de confiance, que son cœur bondit de joie et qu'il cria à son cheval :

« Ô Morel, mon brave compagnon, j'ai fait sur toi de bien longues traites! Mais celle que nous allons faire ensemble aujourd'hui surpassera toutes les autres : tu vas me porter jusqu'en paradis. »

Et, ce disant, il se lança au milieu de la mêlée, où, après des prodiges de valeur, il finit par trouver la mort.

Les frères du Temple avaient parmi eux, à l'époque de leur première ferveur et de leur pauvreté exemplaire, un chevalier qui fut envoyé de Tyr à Saint-Jean d'Acre pour porter dans cette ville le produit de certaines aumônes.

Chemin faisant, il arriva au lieu nommé depuis le *Saut du Templier*. Les Sarrasins lui avaient dressé des embûches à ce passage périlleux, où l'on a d'un côté un rocher à pic, de l'autre un précipice au fond duquel mugit la mer.

Au moment où il s'engagea dans l'étroit sentier pratiqué entre eux, il reconnut que, derrière lui comme devant, la route était barrée par une troupe de païens : dans aucune direction il ne pouvait songer à se frayer une issue. Alors, mettant tout son espoir dans le Seigneur, et fermement résolu à ne pas laisser tomber aux mains des mécréants les aumônes qu'il portait, il donna un violent coup d'éperon et sauta dans le gouffre avec son cheval.

Dieu voulut qu'il ne se fit aucun mal et que la courageuse bête le portât jusqu'au rivage, où elle creva aussitôt par suite du terrible choc qu'elle avait éprouvé en entrant dans la mer. Le soldat du Christ put revenir à pied, avec son précieux fardeau, jusqu'à la ville de Tyr. Il n'avait espéré qu'en Dieu seul : Dieu l'avait délivré.

### 73. *Un lion au service d'un croisé.*

Gouffier de Tours, chevalier limousin, qui fut à la croisade et dont la mémoire doit être en honneur, faisait de fréquentes incursions sur le territoire des Sarrasins et leur causait tous les jours de grands dommages. Il lui arriva, dans une de ces expéditions, d'entendre tout à coup un rugissement terrible : il se dirigea vers l'endroit d'où il partait, et reconnut qu'il était poussé par un lion autour duquel s'était enroulé un serpent monstrueux. À cette vue, et sans écouter les conseils de ses compagnons, il s'approche audacieusement de l'animal, tranche la tête du serpent, et délivre le lion.

Celui-ci (chose prodigieuse), touché de reconnaissance pour un pareil bienfait, se mit à suivre le chevalier comme un lévrier fidèle, et, tant qu'il demeura dans le pays, ne voulut pas le quitter un seul jour. Il lui rendit même plus d'un service, tant à la chasse qu'à la guerre; car il lui apportait du gibier en abondance, et, toutes les fois qu'il voyait son maître attaqué par quelqu'un, il couchait par terre son adversaire.

On raconte que, le jour où Gouffier s'embarqua pour revenir en France, son lion refusa encore de l'abandonner. Les marins ne le laissèrent pas monter sur le navire; mais alors il se mit à suivre son maître à la nage, et n'y renonça que lorsque les forces lui manquèrent.

## 74. *Adieux d'un chevalier partant pour la croisade.*

On raconte d'un noble chevalier le trait suivant. Au moment d'aller s'embarquer pour la Palestine, il fit amener devant lui ses fils, des enfants tout jeunes, qu'il aimait tendrement. Il les regarda longtemps, puis se mit à les embrasser l'un après l'autre. Ses serviteurs, pour abréger ces pénibles adieux, lui dirent :

« Monseigneur, laissez ces petits enfants et venez-vous-en, car une foule de gens sont là qui vous attendent pour vous faire la conduite. »

Alors ce chevalier chrétien répondit :

« J'ai fait à dessein venir mes fils en ma présence dans ce moment suprême. J'ai voulu que mon affection paternelle, surexcitée par là, doublât la douleur que j'éprouve à les quitter pour l'amour de Jésus-Christ : la violence que je m'impose en me séparant d'eux en aura plus de mérite aux yeux du ciel. »

## 75. *Un Sarrasin martyr.*

Un chevalier de mérite, qui faisait partie de la cour du

roi de France et de sa société habituelle, me cita un jour
(dit Étienne de Bourbon) un exemple de fermeté admirable, donné par un Sarrasin nouvellement converti à la foi
chrétienne. L'armée des Français, le roi en tête, venait de
s'emparer de Damiette sans coup férir, sans assaut, sans
effusion de sang. Un Sarrasin s'approcha alors des lices
des chrétiens, en criant qu'il demandait à être reçu, car il
voulait, disait-il, renoncer à Mahomet. On le laissa donc
entrer, et, après avoir reconnu que sa détermination était
sérieuse, on lui administra le baptême.

À partir de ce jour, il suivit fidèlement les croisés et leur
chef, combattant avec eux contre les païens. Mais lorsque
le roi Louis tomba entre les mains des Sarrasins, il fut pris
avec lui. Comme il avait occupé parmi ses anciens coreli-
gionnaires un rang élevé, ils essayèrent d'abord de le ramener à eux par la flatterie, par les promesses les plus brillan-
tes : rien de tout cela ne put lui faire renier le Christ.

Alors ils eurent recours aux menaces, puis aux coups;
ils le promenèrent nu à travers le camp, en le flagellant
sans merci : il refusa encore d'abandonner son Dieu. Ils
répandirent sur sa chair de la graisse bouillante : rien n'y
fit. Ils le soumirent à des tortures de toute espèce; finalement, ils l'attachèrent à un arbre et l'y percèrent de traits :
jusqu'au dernier moment, loin de blasphémer, il ne laissa
échapper de ses lèvres que la louange de Jésus-Christ.

### 76. *Comme quoi les sept péchés capitaux se commettent dans les tournois.*

Je m'entretenais un jour (rapporte Jacques de Vitry)
avec un chevalier qui était grand amateur de tournois et
qui aimait à provoquer ses pareils à ce genre de lutte en
leur envoyant des hérauts ou des histrions. Il était persuadé que c'était là un jeu très inoffensif et un exercice
auquel on pouvait fort bien se livrer sans pécher. Pour
tout le reste, il donnait les marques d'une grande piété. Je
me mis en tête de lui prouver qu'en prenant part aux tournois l'on commettait à la fois tous les péchés capitaux; et,
comme il m'en défiait, voici la petite démonstration que je
lui fis.

On pèche dans les tournois par orgueil d'abord, car on

se promène vaniteusement dans l'arène en quête des applaudissements des hommes et pour l'amour d'une vaine gloire; par envie, car les tenants se jalousent les uns les autres, et chacun d'eux veut passer pour le plus vaillant, pour le plus digne de louange; par colère et par haine, car on se frappe, on se maltraite, et très souvent l'on se fait des blessures mortelles ou l'on se donne la mort; par acédie ou par tristesse, car l'on est tellement absorbé par les vanités, que l'on prend en dégoût toutes les choses spirituelles, et, si l'on a le dessous, la honte que l'on éprouve engendre le désespoir. Quant au cinquième péché, c'est-à-dire à l'avarice et à la rapine, on n'y échappe pas non plus, puisque le vainqueur s'empare du vaincu, de son cheval, de ses armes, sans vouloir les rendre, et que tous deux commettent d'intolérables exactions en pillant sans miséricorde les biens de leurs hommes, en foulant aux pieds les moissons dans les champs et en perdant toutes les récoltes. La gourmandise, ils s'y adonnent également, dans les festins somptueux auxquels ils s'y invitent à cette occasion. Et enfin, le septième et dernier des péchés capitaux, la luxure, ils s'en abstiennent moins encore, car leur objectif principal est de plaire aux femmes légères qui se trouvent dans les tribunes, d'être mis par elles au rang des preux, et bien des fois on les voit porter en guise de bannière les emblèmes de ces impures.

Vous voyez bien que le compte y est, et que l'Église a ses raisons pour refuser la sépulture chrétienne aux victimes des tournois.

## 77. Un grand seigneur mort de faim.

Vers l'an 1190, vivait au diocèse de Mâcon un vicomte possédant plusieurs châteaux forts, qui, se fiant sur la solidité de leurs remparts, exerçait impunément le métier de pillard de grand chemin. Il guettait les riches voyageurs, les dépouillait au passage, et vivait du fruit des rapines de ses gens. À la fin, comme je l'ai appris de la bouche de quelques anciens du pays, hommes très dignes de foi, ce mauvais seigneur se décida, soit sous l'empire du remords, soit par crainte du roi de France, je ne sais lequel des deux, à prendre la croix.

En partant pour la Terre sainte, il abandonna sa terre et ses deux forteresses, qui s'appelaient Châteauneuf et Châteauduc, avec tout le reste de ses biens, au comte Girard de Mâcon. Celui-ci promit, en retour, de marier à son propre fils, au comte Guillaume, une fille que le vicomte laissait derrière lui. Mais il ne tint pas sa parole; il garda la terre pour lui et donna la main de l'héritière à un de ses chevaliers. La famille du croisé soutint une longue instance au tribunal du roi pour entrer en possession de ce fief; mais ses réclamations ne furent pas écoutées.

Quant au vicomte, avant même de gagner le pays d'outre-mer, il était tombé dans une telle détresse, qu'il fut obligé de s'arrêter à Gênes; et là, expirant de besoin, réduit à mendier, il monta sur une galère et se mit à crier devant tous les marins du port :

« La justice divine me poursuit avec raison. J'ai fait mourir les autres de faim; sur ma terre comme sur celle d'autrui, j'ai dépouillé les passants : il est juste que je périsse de misère à mon tour. »

Les assistants, touchés de compassion, s'empressèrent de lui apporter à manger; mais le malheureux avoua qu'il ne pouvait plus absorber de nourriture. Il mourait réellement de faim, et tous ses héritiers sont demeurés jusqu'à ce jour privés de la totalité de leurs biens.

## 78. *Un prévôt rapace.*

Il y avait à Mâcon, au temps du comte Girard, un prévôt qui ne songeait qu'à s'enrichir, avide de butin et rempli de malice. Dans ce comté, avant que le roi ne l'achetât du comte Jean et de son épouse, à laquelle il appartenait par droit héréditaire, les hommes d'Église se voyaient souvent enlever leurs biens; aussi des guerres continuelles éclataient entre l'évêque de Mâcon, le clergé et les citoyens d'une part, et le comte et ses chevaliers d'autre part. Le prévôt en question s'y distinguait surtout par ses rapines.

Un jour qu'il avait fait une rafle de bestiaux et qu'il emmenait sa proie, une vache resta en arrière, sans doute la vache de quelque indigent ou de quelque pauvre veuve. « Touche la vache, misérable, dit-il à un de ses valets, touche la vache qui est arrêtée là-bas ! »

Aussitôt, par un jugement de Dieu, sa langue fut frappée d'une si singulière infirmité, qu'il demeura incapable de prononcer une autre parole que celle-là. Et, à partir de ce jour, toutes les fois qu'il voulait dire quelque chose, il ne sortait de sa bouche que ce malheureux mot : « Touche la vache ! »

L'histoire était connue dans toute la contrée; je l'ai entendue raconter à plusieurs anciens du pays, qui prétendaient avoir vu et connu l'infortuné prévôt.

### 79. L'impôt sur le soleil.

Un comte puissant avait parmi ses satellites un homme détestable, remplissant les fonctions de bailli, qui cherchait à gagner ses faveurs à force de flatteries et de complaisances coupables.

« Seigneur, lui dit un jour ce trop zélé serviteur, si vous voulez vous en rapporter à moi, je vais vous indiquer un moyen de réaliser chaque année une somme d'argent considérable.

— Je ne demande pas mieux, fit le comte, et je suis tout prêt à suivre votre conseil. Quel est ce moyen ?

— Permettez-moi, monseigneur, de vendre le soleil qui luit sur vos terres. Il y a, par exemple, dans toute l'étendue de votre domaine, une foule de gens qui font sécher des toiles, d'autres qui les font blanchir au soleil. Si, pour chaque pièce de toile, on exige seulement d'eux la somme de douze deniers, le bénéfice total sera énorme. »

Et voilà comment, par un mauvais conseil, le comte fut amené à vendre les rayons du soleil, qui cependant brillent pour tout le monde.

### 80. Un augure victime de sa prédiction.

Il n'y a pas encore longtemps que vivait en France un damoiseau ayant la faiblesse d'ajouter foi aux présages. Il entretenait chez lui un augure, qu'il questionnait à tout propos. Un jour, il dut aller se joindre à l'armée qui marchait contre le comte de Montfort. Suivant son habitude, il fit venir son augure et l'interrogea sur l'issue de la bataille. Cet imposteur, après avoir consulté les présages, lui répondit qu'un seul homme devait périr.

« À quel signe, demanda le damoiseau, reconnaîtra-t-on celui qui doit être tué?

— À celui-ci : il montera un cheval bai, ou tirant sur le rouge. »

Aussitôt qu'ils furent informés de cet oracle, tous les soldats de l'armée qui avaient des chevaux bais les changèrent naturellement pour d'autres avant de joindre l'ennemi. L'augure demeura seul; mais, au bout d'un ou deux jours, n'ayant point de nouvelles, il voulut savoir comment l'événement tournait et se porta lui-même devant une place forte que le corps d'armée de son maître assiégeait. Mais, pour s'y rendre, il ne trouva d'autre monture qu'un cheval bai, car tous ceux qui étaient d'une couleur différente avaient été pris et emmenés par les combattants. Après bien des hésitations, il se décida à l'enfourcher, se disant qu'au bout du compte son oracle n'était pas bien sûr, et il s'avança jusqu'aux dernières lignes des assiégeants, se tenant derrière eux à une bonne distance. La précaution fut inutile : une flèche partie des remparts vint, par un juste jugement du ciel, le frapper au cœur.

## 81. *Assassin dénoncé par un perdreau rôti.*

Certain juif, se trouvant exposé à de grands dangers, se mit sous la garde d'un seigneur et lui donna pour cela une bonne partie de son avoir. Celui-ci le confia, avec tout ce qui lui restait, à un sien serviteur, chargé de l'accompagner au lieu qu'il lui désignerait. Au milieu du chemin, cet écuyer, tenté par l'appât de l'or, s'écria tout à coup : « Je veux te tuer! »

Au même instant, une troupe de perdrix prit son vol.

« Ne le fais pas, dit le juif; les perdrix t'accuseraient. »

Il le tua néanmoins, s'empara de tout ce qu'il portait sur lui, et revint dire au seigneur qu'il l'avait conduit en lieu sûr.

Quelques jours après, l'on avait fait cuire des perdrix au château, et le même écuyer les découpait devant son maître, lorsque voilà, dans le ventre d'un de ces oiseaux, une vessie qui se met à siffler. Notre homme pâlit, se rappelant soudain la parole du juif, et se prend à trembler de tous ses membres. Le seigneur le questionna et soupçonna la vérité. Il le fit arrêter, juger, et, quand le crime fut reconnu, il le fit pendre.

## 82. *De la mauvaise coutume de mourir.*

Un jeune noble avait pris l'habit religieux à Clairvaux. Son père en fut exaspéré. Il fit dire à l'abbé du monastère : « Rendez-moi mon fils, ou je détruis votre abbaye. » Le fils ne voulut pas rentrer dans le monde. Alors le père rassembla ses gens d'armes et prit le chemin de l'abbaye.

À cette nouvelle, le jeune religieux supplia l'abbé de lui préparer un cheval et de lui permettre d'aller au-devant de son père. L'abbé le permit. Le père eut à peine aperçu son fils, avec sa grossière cuculle et sa large tonsure, qu'il tomba de douleur et s'évanouit.

« Hélas! mon fils, qu'avez-vous fait? Pourquoi nous accabler de chagrin, votre mère et moi? Revenez, enfant chéri, revenez succéder à votre père dans ses vastes domaines.

— Mon père, répondit le fils, il existe une vieille coutume sur vos terres : si vous consentez à l'abolir, je vous obéirai.

— Cher enfant, agissez dans tous mes domaines comme il vous plaira.

— Faites, s'il vous plaît, que le fils ne meure jamais avant le père.

— Mais cela n'est possible qu'à Dieu!

— Alors, mon père, puisqu'il peut arriver que je meure avant vous, pourquoi donc attendez-vous que je vous succède dans vos domaines? »

Le père fut profondément touché de ces paroles. Aussitôt après, il prit l'habit religieux avec son fils et abandonna ses domaines.

## 83. *Blasphème corrigé par un chevalier.*

Un chevalier passait un jour sur le pont de Paris, lorsqu'il entendit un riche bourgeois blasphémer. Saisi de colère, il s'approcha de lui, et lui appliqua sur la joue un soufflet si violent, qu'il lui brisa plusieurs dents. Traîné devant le roi pour cette agression, il s'attendait à l'expier par un dur châtiment, car il avait enfreint les privilèges de la cité, et frapper un bourgeois du roi n'était pas une petite affaire. Il eut beaucoup de peine à obtenir une audience du prince; mais, quand il fut en sa présence, il lui dit hardiment :

« Monseigneur, vous êtes mon souverain terrestre, et je suis votre homme-lige. Si j'entendais quelqu'un maudire votre nom et vous accabler d'outrages, je ne pourrais le supporter; je voudrais venger votre offense. Or, cet homme que j'ai frappé vomissait tant d'injures contre mon souverain céleste et le blasphémait d'une manière si odieuse, que je n'ai plus été maître de moi et que j'ai défendu son honneur. »

Le roi, en l'entendant plaider ainsi, admit son excuse, loua hautement son action et le renvoya en liberté.

### 84. *Moyen de convertir un jeune beau.*

Maître Jourdain de Saxe, de bonne mémoire, avait essayé vainement, par tous les raisonnements possibles, de convertir un jeune seigneur, qui était le fils d'un puissant comte. Voyant qu'il ne pouvait l'amener par ses discours à mépriser le monde et à revêtir l'habit des Frères Prêcheurs, chez lesquels il espérait le voir entrer, il s'avisa tout à coup, frappé de son élégance et du soin qu'il prenait de sa personne, de lui développer cet argument :

« Regardez vos membres si délicats, et réfléchissez si ce ne serait pas grand dommage de voir de telles beautés devenir la proie des flammes éternelles! »

La vanité fit plus que tout le reste, et, à force de creuser cette idée, le jeune mondain prit le parti de se faire religieux.

### 85. *L'attrait du fruit défendu.*

Un chevalier qui avait commis des crimes vint trouver son évêque pour obtenir l'absolution. Mais il ne voulait faire, pour sa pénitence, ni prières, ni jeûne, ni pèlerinage, car tout cela lui répugnait.

« Eh bien! lui dit alors l'évêque, quelle est au monde l'œuvre pie que vous faites le plus volontiers?

— C'est, répondit-il, de chômer les fêtes.

— Bien; vous observerez strictement les dimanches et les fêtes des saints apôtres, et vous vous abstiendrez avec soin, ces jours-là, de toute œuvre servile; cela vous servira de pénitence. »

Le chevalier accepta. Mais, le dimanche qui suivit, il aperçut dans un de ses champs un laboureur couché par terre, se reposant des travaux de la semaine. Agacé de le voir se livrer ainsi à l'oisiveté, avec ses bœufs à côté de lui, il mit lui-même la main à la charrue et entreprit de labourer, ce qu'il n'avait jamais fait de sa vie. Il fut donc obligé de revenir trouver l'évêque et de lui avouer qu'il n'avait pas observé sa pénitence. Alors celui-ci lui demanda :

« Quel est le mets que vous avez le plus en horreur?

— Ce sont, dit-il, les poireaux crus.

— Eh bien! vous vous abstiendrez de manger des poireaux crus. »

Mais voilà qu'en s'en retournant il rencontra des femmes qui lavaient des poireaux et qui en mangeaient. La tentation le prit de les imiter; il s'approcha d'elles, leur arracha quelques-uns de ces légumes et les porta à sa bouche. Reconnaissant alors sa misère et sa faiblesse, il revint de nouveau auprès de l'évêque et se mit à sa discrétion pour faire telle pénitence qu'il lui enjoindrait.

### 86. Ce que c'est que la mauvaise odeur.

Un jour, l'ange du Seigneur vint à un ermite et lui dit :

« Suis-moi; allons ensevelir un voyageur qui est mort. »

L'ermite le suivit. Mais, à la mauvaise odeur qu'exhalait le cadavre, il se ferma la bouche et les narines. L'ange, le remarquant, lui en demanda la raison :

« Ne sentez-vous pas, lui répondit l'ermite, la mauvaise odeur de ce corps?

— Je ne sens rien, dit l'ange. »

À ce moment même, passa un jeune noble; il chevauchait, revêtu d'un habit magnifique, ayant le faucon sur le poing. L'ange se ferma la bouche et les narines. L'ermite, le remarquant, lui en demanda la raison :

« Ah! dit l'ange, je ne puis supporter la mauvaise odeur qui vient de ce jeune noble, tant son âme sent mauvais devant le Seigneur! »

### 87. *Le jeu des combles.*

Les chevaliers de ce temps, qui ne cessent de ravir les biens des pauvres, ne sont pas des nobles; ils sont, au contraire, les derniers des rustres. C'est là, en effet, la qualité que leur reconnaissait maître Alain de Lille, un jour qu'il enseignait à Montpellier et que toute la chevalerie de la contrée s'était rassemblée autour de lui, attirée par sa réputation d'orateur et de savant.

« Quelle est, lui demandèrent-ils pour l'éprouver, la plus grande marque de courtoisie? »

Il leur prouva par beaucoup de raisons que c'était la libéralité, l'empressement à faire le bien. Ils tombèrent d'accord avec lui. Alors il les questionna à son tour et les pria de lui indiquer le comble de la rusticité. Là-dessus, ils ne purent s'accorder entre eux, et, après avoir longuement discuté, ils lui remirent le soin de trancher également cette nouvelle question.

« C'est pourtant bien simple, leur dit-il; puisque vous avouez tous que donner sans cesse constitue la plus grande courtoisie, vous devez convenir, par contre, que prendre le bien d'autrui est la plus grande preuve de rusticité, et que ceux qui dépouillent les pauvres sont les rustres par excellence. »

Cette parole rappelle celle qu'adressaient à certains chevaliers les premiers Frères Prêcheurs qui pénétrèrent en Bourgogne. Ne connaissant pas encore leur robe blanche, ces hommes de guerre leur demandèrent quels ils étaient.

« Nous sommes des prêcheurs, répondirent-ils. Et vous, qu'êtes-vous donc?

— Nous autres, nous sommes des chevaliers. »

Mais, les voyant conduire des bœufs et des chèvres qu'ils avaient enlevés, un des religieux répliqua :

« Des chevaliers? Oh! non. Dites plutôt des bouviers ou des chevriers. Ne rougissez-vous pas de vous avilir ainsi et d'emmener les bestiaux des pauvres gens? Mais ce sont les bestiaux qui vous conduisent, pour mieux dire, et qui vous entraînent vers l'enfer. »

# CHAPITRE V

# LA BOURGEOISIE ET LE PEUPLE

*Les prédicateurs, s'adressant de préférence au peuple laïque, des villes et des campagnes, ne cessent de tancer leurs vices et leurs défauts. Et leurs flèches de se diriger vers les juges iniques et vénaux, les commerçants qui grugent leurs clients, les usuriers qui saignent leurs proies. Également objets de leur colère : les jeunes gens trop enclins au plaisir de la danse, les paysans sujets aux superstitions, les fils maltraitant leur père, les bourgeois rétifs à la charité.*

## 88. *Le juge à qui l'on graisse la main.*

Un juge inique et vénal refusait à une pauvre femme du peuple de lui rendre justice. Aucun moyen n'avait pu le décider à reconnaître son droit. Une voisine dit à la plaignante :

« Ce juge-là, vous n'obtiendrez jamais rien de lui si vous ne prenez pas la précaution de lui graisser la main. »

La bonne femme, prenant cet avis au pied de la lettre, se procura un peu de graisse de porc et se rendit au tribunal. Là, devant tout le monde, elle s'approcha du juge et se mit à lui frotter les mains avec cette graisse.

« Qu'est-ce que vous faites là? s'écria-t-il tout courroucé.

— Dame! lui dit-elle, on m'a assuré que, pour obtenir justice, il fallait avant tout vous oindre les mains; je veux voir si l'on ne m'a pas trompée. »

Le juge rougit, fut couvert de confusion, et devint la risée du public.

### 89. *Un autre Perrin Dandin.*

J'ai entendu parler (disait Jacques de Vitry) d'un maudit avocat, digne de la réprobation publique, que l'on avait surnommé l'*Avant-plaideur*, parce qu'avant la moindre action il voulait discuter le pour et le contre. Étant tombé gravement malade, il dut recevoir les sacrements. Mais, comme on les lui apportait, son incurable habitude reparut, et il ne put s'empêcher de s'écrier :

« Je veux d'abord que l'on juge si le droit exige que je les reçoive ou non. »

Les assistants lui dirent :

« Il est parfaitement juste que vous les receviez; voilà le jugement que nous rendons.

— Oui, répliqua-t-il, mais vous n'êtes pas mes pairs; vous n'avez pas qualité pour juger ma cause. J'en appelle! »

Et, pendant que la discussion continuait, il rendit son âme au diable.

Un autre individu de son espèce, étant sur le point d'expirer, demandait à la mort ce qu'on nomme, en termes judiciaires, un sursis. Mais il en avait trop demandé et trop obtenu dans le cours des procès qu'il avait plaidés : cette fois, aucun délai ne lui fut accordé.

Celui-là était semblable au milan, qui, après avoir souillé à mainte reprise les sacrifices des dieux, les fit supplier par la colombe quand il fut vieux et malade, mais sans aucun succès. Il peut chanter maintenant cette triste et lamentable cantilène des damnés :

« Quand il m'était loisible de bien faire,
La volonté me manquait :
À présent que le vouloir ne me fait pas défaut,
C'est le pouvoir qui m'est ôté. »

### 90. *Un lourd héritage.*

Un bourgeois riche avait cédé tout son bien à ses filles. Tombé dans la misère, il alla les visiter l'une après l'autre; mais à peine eut-il passé deux ou trois jours chez chacune d'elles, qu'il fut chassé sans pitié. Un de ses amis, homme avisé, lui donna alors un conseil, qu'il s'empressa de suivre. Il fit fabriquer un coffre de fer, et le fit remplir de grosses et lourdes pierres. En voyant ce meuble mystérieux, ses filles s'imaginèrent qu'il renfermait un riche trésor, et que ce trésor leur reviendrait après la mort de leur père. Elles changèrent donc d'attitude à son égard et lui rendirent les plus grands honneurs, pourvoyant à tous ses besoins jusqu'à son dernier jour.

Le vieillard, en mourant, disposa du coffre en faveur de ses filles et ordonna qu'on le leur remît avec tout ce qu'il contenait, mais avec ordre de ne l'ouvrir qu'après son enterrement. Elles lui firent faire des obsèques très solennelles, et, à leur retour du cimetière, n'eurent rien de plus pressé que de courir au trésor. Mais quelle fut leur stupeur, lorsque, l'ayant ouvert, elles aperçurent, au milieu d'un monceau de pierres très pesantes, un maillet de fer portant ces mots gravés :

« De ce mail ou d'autre si grand
Soit tué qui, en son vivant,
A donné tout à son enfant! »

D'autres racontent qu'il y avait ceci :

« Ce nous mande Habert que l'on fasse.
S'il y a nul en cette place
Qui pour ses enfants se défasse,
Qu'on le tue avec cette masse. »


## 91. *Un parvenu sans respect humain.*

J'ai connu à Paris (raconte Pierre de Limoges) un bourgeois qui s'appelait Poins-l'Asne (*Punge asinum*). Ce bourgeois avait un fils, que j'ai vu également plus tard, et qui était devenu un savant docteur en théologie; mais il avait eu des débuts fort pénibles. Il était tellement pauvre, qu'il ne possédait au monde qu'un grand plat, dans lequel il allait porter de la viande en ville pour gagner son pain.

Quand il fut devenu un des plus riches personnages de Paris, il sut mettre de côté le respect humain et se souvenir de son indigence première. Il fit enchâsser dans l'or et l'argent son vieux plat, et il le tenait pour aussi précieux qu'une relique. Aussi, à toutes les bonnes fêtes, avait-il

soin de se le faire présenter, pour évoquer la mémoire de
ses jours de misère.

### 92. *Comment se transforment les noms des enrichis.*

Dans une grande cité débarqua, un jour, un enfant à
l'aspect misérable, et, de plus couvert de gale. Bientôt,
dans le quartier où il se réfugia, tout le monde l'appela le
*petit galeux*, et le nom lui resta.

Devenu un peu plus grand, il se mit à porter de la
viande chez les bourgeois, pour gagner son pain. Il amassa
ainsi quelques sous, avec lesquels il fit de l'usure, et, les
ayant fait fructifier, il prit un costume un peu plus décent :
alors on commença à l'appeler *Martin Galeux*; son sobri-
quet primitif était devenu comme un nom de famille.

Plus tard, il devint riche : on supprima le vilain mot de
galeux, et on ne l'appela plus autrement que *maître
Martin.*

Puis il réalisa une grande fortune : ce fut alors *sire
Martin.*

Enfin il prit rang parmi les personnages les plus opu-
lents et les plus fastueux de la cité, et personne n'osa le
nommer que *monseigneur Martin*; tous les habitants le
respectaient comme leur seigneur.

### 93. *L'aventure du marchand volé et de l'honnête bourgeois.*

Certain marchand revenait de la foire, où il avait mené
quantité de marchandises; et il avait tout vendu en fort
peu de temps. Tout son gain fut troqué contre une masse
d'or moulu, et, ayant ainsi réuni son avoir en un seul
objet, il se mit en route.

Il cheminait déjà depuis des journées, quand il vint à
passer par une bonne ville, comme est Amiens ou Paris,
ou toute autre bonne ville, et là il aperçut une église. Le
prud'homme, qui avait l'habitude de faire des oraisons
devant l'image de Dieu, entra, se mit en prière, et posa son
trésor à côté de lui. Mais, quand il se releva, quelque
vaine pensée lui traversa l'esprit : il oublia le précieux fardeau, s'en alla et n'y pensa plus.

Il y avait, dans la même ville, un bourgeois qui, lui

aussi, fréquentait assidûment l'église, et très souvent et volontiers venait s'agenouiller devant la bienheureuse mère de Dieu Notre Seigneur. Il y vint donc ce jour-là, et ses yeux tombèrent sur une bourse rebondie, bien scellée, bien fermée avec une forte serrure. À cette vue, il s'arrêta, et se prit à penser d'où pouvait venir un tel trésor.

« Mon Dieu, dit-il, que faire? Si je publie par toute la ville que j'ai trouvé une si grosse somme, tel viendra la réclamer qui jamais ne peina pour l'acquérir. »

Alors le bourgeois décida qu'il la garderait par devers lui, jusqu'à ce qu'il eût de vraies nouvelles du propriétaire. Il revint en sa chambre, serra la bourse en son écrin, puis descendit à sa porte et y inscrivit, en grosses lettres, cet avis : « Si quelqu'un a perdu quelque chose, qu'il vienne me trouver. »

Le marchand, cependant, avait continué sa route. Il était déjà loin, quand la pensée qui l'avait absorbé le quitta. Il se tâte aussitôt, croyant avoir sur lui son trésor : plus de trésor! Le voilà désespéré. « Las! J'ai tout perdu; Je suis mort! Je suis trahi! »

Il revient jusqu'à l'église, croyant retrouver sa bourse : plus de bourse! Il accoste le prêtre, lui en demande des nouvelles : point de nouvelles! Enfin il sort tout pensif et arrive devant la porte où s'étalait l'inscription. Plein d'espoir, il pénètre dans l'hôtel du bourgeois, et, apercevant celui-ci :

« Ha! par Dieu, sire, dit-il, êtes-vous le maître de céans?

— Oui, dit l'autre, tant qu'il plaira à Dieu. Que voulez-vous?

— Ha! sire, dites-moi qui a écrit ces mots sur votre porte.

— Bel ami, fait le bourgeois, feignant de ne rien savoir, il loge ici des clercs et plusieurs sortes de gens : ils inscrivent là leurs vers, leurs devises. Que vous faut-il, mon beau sire? Avez-vous rien perdu?

— Perdu, s'écrie le marchand; ah! oui, certes, j'ai perdu, et un si gros trésor que je n'en sais même pas la valeur.

— Comment, mon pauvre ami, et qu'as-tu donc perdu?

— Sire, j'ai perdu une bourse toute pleine d'or, scellée de tel sceau, fermée à tel loquet. »

Le bourgeois reconnut alors que le pauvre homme disait

vrai. Il l'emmena donc dans sa chambre, lui montra son avoir intact, et le pria de le prendre. Mais le marchand, frappé de tant de sagesse et de loyauté, s'arrêta.

« Beau sire Dieu! se dit-il, je ne suis pas digne de posséder un aussi gros trésor. Ce bourgeois en est plus digne que moi. »

Et s'adressant à lui :

« Sire, cet avoir sera certes mieux placé en vos mains que dans les miennes. Gardez-le, je vous prie; je vous dis adieu.

— Ah! bel ami, reprends ton bien; je ne l'ai point gagné.

— Certes non, je ne le prendrai point; mais je m'en vais de ce pas travailler au salut de mon âme. »

Et le marchand s'enfuit à toutes jambes.

Le bourgeois, le voyant courir si fort, s'élance à sa poursuite en criant : « Au larron! au larron! saisissez le larron! » Les voisins voient le fuyard, l'arrêtent au passage, le ramènent au bourgeois, et lui demandent :

« Quel tort cet homme vous a-t-il fait? Que vous a-t-il pris?

— Seigneur, répondit-il, il veut me ravir ma probité et ma loyauté, que j'ai gardées intactes jusqu'à cette heure. »

Et il leur raconta l'affaire en détail.

Les voisins, ayant compris, firent prendre au marchand son trésor tout entier et le renvoyèrent.

## 94. *Deux empoisonneurs du peuple.*

Il y avait quelque part un boucher qui vendait sciemment de la mauvaise viande cuite et qui avait néanmoins beaucoup de clients. Un d'eux, pour obtenir sa marchandise à meilleur marché, s'avisa de lui dire :

« Voilà sept ans bien comptés que je n'ai acheté un morceau de viande ailleurs que chez vous. »

Le boucher, prenant un air étonné, répondit :

« Sept ans! Vraiment? Et vous vivez encore! »

Dans le pays d'outre-mer se trouvait aussi un chrétien qui avait ouvert dans la ville d'Acre un commerce de viande malsaine et de mets corrompus, qu'il débitait sans scrupule aux pèlerins. Il finit par être pris par les Sarrasins. Alors il demanda avec instances qu'on le conduisît devant le soudan.

« Seigneur, dit-il à ce potentat, je suis à votre merci; certainement, si vous le voulez, vous pouvez me tuer ou me jeter en prison. Mais sachez que, dans ce cas, vous subirez une grande perte.

— En quoi? demanda le soudan.

— Voici comment. Il n'y a pas d'années que je ne détruise plus de cent de vos ennemis, je veux dire des pèlerins, en leur faisant manger des viandes avariées, des poissons pourris et d'autres choses semblables. »

Le païen se mit à rire, et le traître obtint sa liberté.

## 95. *Les roueries d'un tavernier et d'un maréchal.*

Un tavernier qui cherchait tous les moyens de voler ses clients avait trouvé cet ingénieux stratagème : chaque fois qu'il avait servi des buveurs, il s'approchait doucement de la cruche pleine de vin et la poussait du pied. Le vin se répandait, et lui de s'écrier : « Abondance! abondance pour vous! Votre fortune est faite. » C'est, en effet, un bon présage dans l'opinion populaire. En attendant, il refusait de remplacer le vin perdu, afin de s'en faire acheter d'autre.

Mais, un jour, un voyageur auquel il avait joué ce mauvais tour se glissa furtivement jusqu'auprès du tonneau et en retira la bonde; tout le contenu s'écoula.

À cette vue, le tavernier se mit à se lamenter.

« Ne vous plaignez pas, lui cria son hôte; c'est une fortune bien plus grande encore qui va vous arriver. »

L'autre, pour se venger, le traîna devant le juge. On s'expliqua, et le voyageur fut renvoyé absous.

Un autre industriel de la même force (c'était un maréchal-ferrant) avait l'habitude, lorsqu'il avait un cheval à remettre en état, de lui enfoncer, le soir, une aiguille dans le pied. Le lendemain matin, l'animal boitait horriblement, à tel point qu'il pouvait à peine sortir de l'écurie. « Il est bien malade, disait alors le maréchal; c'est une bête perdue. » Puis il conseillait au propriétaire de s'en défaire et lui en offrait un prix insignifiant. « Il vaut mieux toucher peu de chose que de perdre tout », se disait celui-ci. Et le marché se concluait ainsi, au détriment de l'honnêteté et de la probité.

### 96. *Le quart d'heure de Rabelais.*

Un certain comte de Poitiers voulut, une fois, expérimenter par lui-même quel était le plus heureux de tous les états que les hommes pouvaient embrasser. À cet effet, il revêtit un déguisement et s'engagea successivement dans les professions les plus diverses. Il étudia les mœurs et les habitudes, compara les avantages et les inconvénients de chaque position sociale. Mais rien ne le satisfit, et il finit par revenir à sa condition première.

Il avouait toutefois que le sort qui lui avait paru le plus digne d'envie était celui des marchands qui courent les foires, car ils entraient quand ils voulaient dans les tavernes, y trouvaient des tables toujours servies et n'avaient qu'à choisir entre les mets les plus délicats. Il n'y avait dans ce métier, disait-il, qu'un seul désagrément : c'est qu'il fallait faire, en sortant, un compte exact avec l'hôtelier, et lui payer jusqu'à la moindre chose. Ce moment-là gâtait tout le reste. N'en sera-t-il pas de même quand nous aurons à rendre nos comptes à notre sortie de ce monde ?

### 97. *Funeste mariage d'un usurier de Dijon.*

Il advint dans la ville de Dijon, vers l'an 1240, qu'un riche usurier voulut se marier et donner à ses noces le plus grand éclat. Le cortège nuptial, accompagné de musiciens jouant de divers instruments, se dirigea vers l'église paroissiale de Notre-Dame. On arriva sous le proche, et là les époux s'arrêtèrent, suivant la coutume, pour échanger leur consentement mutuel et ratifier le mariage par paroles de présent.

Ils allaient pénétrer dans l'intérieur de l'église pour assister à une messe solennelle et au complément de la cérémonie, et déjà les portes s'ouvraient joyeusement devant eux, lorsqu'un autre usurier, un usurier de pierre,

faisant partie des sculptures du portail, où il était représenté au moment d'être précipité dans l'abîme par un
démon également en pierre, se détacha et tomba, avec sa
bourse, sur la tête de son collègue, c'est-à-dire du marié,
qu'il écrasa et blessa mortellement. Les noces furent chan-
gées en deuil, et la joie en tristesse. L'usurier sculpté se
chargea d'interdire l'église et les sacrements à l'usurier
vivant, que des prêtres ne craignaient pas d'y admettre.

À la suite de cet accident, les autres usuriers de la ville
se cotisèrent, et, moyennant une grosse somme, firent
détruire toutes les statues qui se trouvaient sur le devant
du portail, tant ils avaient peur de subir, en pareil cas, un
sort analogue. L'auteur de ce récit a vu la mutilation
accomplie.

### 98. *La manière d'enterrer les usuriers.*

Un bon et digne prêtre avait à enterrer un de ses paroissiens qui avait été, durant sa vie, un usurier de profession,
et qui était mort sans restituer le fruit de ses usures. Il ne
voulut pas lui donner la sépulture ordinaire, car les pesti-
férés de cette catégorie, d'après les canons des saints
conciles, ne doivent point dormir en terre chrétienne et ne
méritent d'autre sépulture que celle des ânes.

Cependant les amis du défunt insistaient vivement
auprès du pasteur pour qu'il adoucît en sa faveur la sévé-
rité de la règle. À la fin, las de leurs importunités, il
consentit à dire des prières; puis il leur dit :

« Nous placerons le corps sur un âne, et nous verrons ce
que Dieu décidera à son sujet. Suivant la direction que l'âne
prendra, ou vers l'église, ou vers le cimetière, ou de tout
autre côté, j'ensevelirai votre ami dans tel ou tel lieu. »

On posa donc le cercueil sur l'âne qui devait l'emporter,
et on laissa l'animal libre d'aller à droite ou à gauche.
Mais, à la stupéfaction générale, il prit tout droit devant
lui, et, sans hésiter un instant, sans obliquer, il se dirigea
par le plus court chemin vers les fourches patibulaires qui
s'élevaient en dehors du village. Là, secouant son fardeau
de toutes ses forces, il le fit tomber de son dos et le jeta au
pied même des fourches, sur un tas de fumier. C'est en ce
lieu que l'usurier fut enterré, avec les voleurs.

Un autre individu de la même espèce, étant mort également, fut mis aussitôt dans le cercueil. Mais, quand il s'agit de le transporter au cimetière, personne ne put le soulever : la bière, trop lourde, demeurait clouée au sol. Un *ancien* du pays dit alors :

« Vous savez bien que c'est la coutume, en cette ville, que chacun soit descendu dans la tombe par ses pairs, les prêtres par les prêtres, les bouchers par les bouchers, etc. Vous n'avez donc qu'une chose à faire : c'est d'appeler quatre usuriers. »

Le conseil fut trouvé bon; et, en effet, les collègues du défunt, s'étant approchés, enlevèrent sans difficulté le cercueil.

### 99. *Un singulier concours.*

Quand j'étais à Paris (raconte Jacques de Vitry), je me suis laissé dire que les *garçons* qui sont au service des étudiants, et qui sont presque tous des voleurs, avaient une espèce de chef considéré comme le capitaine de la bande. Un certain jour que tous ces brigands au petit pied étaient réunis autour de lui, il voulut savoir lequel d'entre eux savait le mieux voler ses maîtres et le plus adroitement. Il demanda donc à chacun quel était son genre de talent dans cet art si varié.

Le premier dit :

« Maître, je sais le moyen de me faire sur un denier une poitevine de bénéfice (soit vingt-cinq pour cent, la poitevine étant le quart du denier).

— C'est peu, dit le chef.

— Moi, dit le second, sur chaque denier je gagne une obole (cinquante pour cent).

— Et moi, dit un troisième, je fais produire à un denier trois poitevines (soixante-quinze pour cent). »

Chacun à son tour expliqua son savoir-faire. Mais, à la fin, un de ces garçons se leva et s'écria d'un air triomphant :

« Tout cela n'est rien; je vole, moi, un denier par poitevine (quatre cents pour cent). »

Cette fois, le chef trouva que c'était un comble et demanda à cet habile praticien comment il s'y prenait.

« Voici ce que je fais, répondit-il. J'ai un fournisseur habituel qui me vend des légumes, de la moutarde et tout ce qu'il faut pour faire la cuisine de mes maîtres. Je lui achète en quatre fois la valeur d'une pictée (ou d'une poitevine) de moutarde, par exemple. Je ne le paye que la quatrième fois, puisque la poitevine est la plus petite monnaie et qu'on ne peut la diviser; mais, pour la même raison, je compte à mon maître une poitevine chaque fois. Cela me fait déjà trois poitevines de bénéfice sur une seule. J'en gagne une quatrième en me faisant gratis, à titre de remise, une cinquième pictée de moutarde, et je me trouve avoir ainsi un denier de profit sur une poitevine, comme je vous le disais. »

Le chef, émerveillé, fit asseoir l'ingénieux voleur à ses côtés, à la place d'honneur, et lui décerna le prix.

## 100. *Un perroquet trop savant.*

Maître Gervais de Tilbury assure, dans son livre *Des délassements impériaux et des merveilles de la terre*, que les oiseaux ont une aversion naturelle pour l'adultère. Voici un trait qui pourrait, à la rigueur, venir à l'appui de cette opinion.

Un riche personnage, dans la maison duquel j'habitais, avait un perroquet fort bien dressé, qui venait d'Alexandrie. On lui avait appris quelques mots en français; mais il en savait beaucoup en langue arabe, et les pèlerins qui avaient entendu parler les Sarrasins en Orient nous en donnaient l'interprétation. Par exemple, toutes les fois qu'il voyait entrer un enfant mal habillé, il ne manquait pas de crier : « Au petit voleur! au petit voleur! » Mais, lorsque c'était un homme misérablement vêtu, il ne s'y trompait pas, et disait tout de suite : « Au voleur! au voleur! »

Or, une fois qu'un valet de la maison s'attaquait sous ses yeux à une suivante, l'oiseau malin se mit à crier très fort : « Aimon! Aimon se conduit mal! » C'est, du moins, ce que crurent entendre les autres domestiques, qui accoururent aussitôt et qui ébruitèrent l'histoire.

### 101. *Le vieux jongleur.*

Il y avait un jongleur, nommé Roland, qui, arrivant à la vieillesse, n'était plus goûté; ses jongleries ne divertissaient plus personne. Cependant il suivait toutes les fêtes, et, quand on voyait ce vieillard apparaître dans une noce, les femmes disaient en riant : « Présente ton écuelle, Roland; on va te donner quelque chose. » Il présentait donc son écuelle, et on lui donnait.

Or, un jour, il arriva qu'une coupe d'argent fut perdue, et que les gens de la maison où l'on faisait la fête l'accusèrent d'avoir volé cette coupe, lui disant : « Il n'y a personne ici qu'on puisse soupçonner; ce sont tous des riches. Mais on t'accuse, toi, qui seul es pauvre. »

Comme Roland jurait qu'on l'accusait à tort :

« Il faut alors, s'écrient les gens de la maison, toucher le fer chaud et prouver ainsi ton innocence.

— Faites chauffer le fer, répond-il. »

Le fer chauffé, on le lui présente, et, pour le recevoir, il tend son écuelle.

« Mettez là, dit-il.

— Non, réplique-t-on; c'est avec ta main que tu dois toucher, puisque tu te prétends innocent. »

Mais lui :

« Vous pareillement, jurez d'abord votre innocence, et, si vous voulez que je vous croie, touchez les premiers. Je toucherai après vous; sinon, non. »

### 102. *Sermon d'un jongleur aux hérétiques de l'Albigeois.*

Les Frères Prêcheurs qui avaient fait des missions dans l'Albigeois racontaient le trait suivant. Certains hérétiques de ce pays se vantaient devant leurs adhérents des mortifications extérieures qu'ils s'infligeaient. Il se trouvait là un jongleur très plaisant, qui leur tint ce petit discours :

« Je vais vous prouver que mon roussin vaut mieux que vous. Vous ne mangez pas de viande : lui non plus. Il ne mange même pas de pain. Vous êtes mal couché : il l'est encore moins bien. Mais tout cela doit lui profiter plus qu'à vous, et ses privations, ses souffrances ont certainement plus de mérite que les vôtres, car vous ne croyez pas, et, loin de là, vous discréditez les articles de foi. Or, comme sans la foi rien en plaît à Dieu, tout ce que vous faites ne peut que lui déplaire. Mon roussin, au contraire, s'il ne croit pas, ne fait la guerre à aucune croyance, ne contredit aucune vérité. Ainsi, et quant à la foi et quant aux œuvres, il a l'avantage sur vous. »

### 103. *Le breton au Mont-Saint-Michel.*

Ceux qui s'abstiennent du mal par crainte de l'adversité sont assez semblables à ces pirates qui, au moment de la tempête, font des vœux de toute espèce, et, aussitôt le calme rétabli, ne s'en donnent cure, mais courent bien vite jouer aux dés.

Tel était aussi ce paysan breton qui conduisait un jour au Mont-Saint-Michel, pour les vendre au marché, sa vache et son veau. Se voyant surpris par la marée montante, il fit un vœu à saint Michel et promit de lui donner son veau si, par sa puissante protection, il échappait au péril.

Le flot parut se retirer. Alors notre homme de dire au saint qu'il serait bien fou s'il croyait qu'il allait lui donner son veau.

Mais soudain voilà la mer qui revient et qui touche presque ses pieds. Aussitôt le Breton de crier : « Saint Michel, tu veux tout, tu auras tout, et la vache, et le veau ! »

La vague recule de nouveau. Elle recule si bien, qu'il se croit désormais à l'abri de son atteinte. Alors il s'écrie bravement :

« Saint Michel ! Saint Michel !
Ni la vache ni le véel. »

### 104. *Jureurs obstinés.*

Dans le diocèse de Besançon, les hommes du peuple avaient plus qu'ailleurs l'habitude de jurer, et de nier Dieu, et de le renier. Un jour (rapporte Étienne de Bourbon), je sortais de grand matin d'un château situé dans ce pays, quand je rencontrai un bouvier occupé à manger des poires. Je lui demandai s'il avait d'abord nourri son âme par la prière, pour nourrir ainsi son corps dès la première heure.

« Avez-vous au moins récité l'oraison dominicale?

— Ah! jarnigué (je renie Dieu)! on ne me l'a pardieu jamais apprise, me dit-il.

— Mais c'est très mal, mon ami, de jurer de la sorte. Vous en avez donc l'habitude?

— Ah! pardieu, je n'ai point juré, jarnigué!

— Mais vous le faites encore, et même vous reniez Dieu.

— Ah! je jure bien le bon Dieu que non, que je ne jure point, et que je ne le renie mie, jarnigué! »

Je fus obligé de rompre la conversation; car, plus il affirmait qu'il ne jurait pas, et plus il jurait.

Pareille chose à peu près nous est racontée par une vieille bonne femme; car l'habitude de blasphémer est invétérée chez quelques-unes de ses semblables aussi bien que certains hommes. Son confesseur lui recommandait de ne plus jurer.

« Par Dieu! répondit-elle, je ne jurerai plus jamais.

— Cependant vous recommencez, en disant cela.

— Ah! par le ciel! je vous dis que cela ne m'arrivera plus.

— Tenez, encore! Dites donc plus simplement : oui, non; ceci est, ceci n'est pas.

— Vous avez cent fois raison, messire; aussi je vous le déclare : Par la bienheureuse Vierge et tous les saints du paradis, je ferai dorénavant comme vous me l'avez ordonné. »

Il n'en put venir à bout et la laissa partir.

### 105. *L'art de faire croire que les vessies sont les lanternes.*

Un évêque, prêchant dans le pays des Albigeois, disait aux gens crédules qui ajoutaient foi aux propos des hérétiques qu'ils étaient semblables à certain paysan dont il avait entendu parler. Ce rustre s'en allait porter un agneau au marché, et suivait son chemin en toute simplicité, lorsqu'il fit la rencontre de quatre mauvais plaisants qui s'entendirent pour lui jouer un tour de leur façon. Les trois premiers prirent les devants, et s'échelonnèrent de distance

en distance sur la route qu'il avait à parcourir. Le quatrième l'attendit au passage, et, après avoir lié conversation avec lui, finit par lui demander où il portait son chien
et pour quel motif. À ce mot, le paysan se récrie :

« Mais ce n'est pas un chien! Vous voyez bien que c'est
un agneau.

— Un agneau? fait l'autre. Moi, je vous dis que c'est un
chien. Celui qui soutiendrait le contraire serait bien aveugle et se ferait moquer de lui au marché. »

Le brave homme, étonné, se demanda ce que cela voulait dire; néanmoins il continua son chemin.

Un peu plus loin, il rencontre un des complices, qui lui
tient un langage identique et joue la stupéfaction en l'entendant nier qu'il porte un chien. Alors, il commence à
douter et se demande s'il n'est pas le jouet d'une illusion.
Mais voilà qu'un troisième se présente et lui répète encore
la même chose. Cette fois, sa perplexité redouble; il prend
sa tête à deux mains comme si elle allait partir.

Enfin le dernier arrive, et, avec plus d'assurance que les
précédents, le raille bien haut de sa méprise :

« Ah! mon bonhomme, quels rires, quels quolibets,
quand vous allez vous présenter avec ce chien sur le
marché aux bestiaux! »

Pour le coup, c'en était trop. Le pauvre paysan, complètement persuadé, jeta son agneau, l'abandonna, et les
autres s'en emparèrent.

## 106. *Danses exécutées sur des chevaux de bois.*

Dans le diocèse d'Elne, un prédicateur avait tonné longuement contre les danses auxquelles les habitants du
pays se livraient dans les églises, en particulier aux vigiles
des saints. C'était l'usage, dans une paroisse voisine, que
les jeunes gens se rassemblassent la veille de la fête patro-
nale et, montés sur des chevaux de bois, sous des déguise-
ments variés, conduisissent des rondes dans l'église et le
cimetière. Mais les remontrances du prédicateur et la
prohibition du curé avaient, cette année-là, fait déroger à
la coutume : tous les hommes passaient la veillée en oraison devant le sanctuaire.

Seul, un jeune homme de la contrée eut l'idée de se

livrer au jeu traditionnel et vint inviter un de ses amis à se joindre à lui.

Comme celui-ci refusait, alléguant la défense du prédicateur et du curé, l'autre s'équipa et se prépara. « Maudits soient, dit-il, ceux qui, pour un pareil motif, renonceront à la vieille observance ! »

Il voulut pénétrer dans l'église sur un cheval de bois, à l'heure où les paroissiens assemblés veillaient dans la paix et la prière ; mais, au moment même où il franchissait le seuil, le feu prit à ses pieds et le consuma entièrement, lui et sa monture. Personne parmi les assistants, ni parent ni ami, ne put l'empêcher d'être brûlé sur place.

Epouvanté par ce jugement divin, le peuple s'enfuit de l'église et se porta vers la maison du curé. Celui-ci accourut ; mais, lorsqu'il arriva, le corps du malheureux jeune homme était déjà presque tout carbonisé, et il en sortait une telle flamme, que les fenêtres du clocher en étaient éclairées.

Cet accident fut rapporté au narrateur très peu de temps après, sur les lieux mêmes, par le chapelain, les parents de la victime et d'autres habitants du pays.


### 107. *Recettes faciles à l'usage des sorciers.*

Un prétendu sorcier possédait un immense clos, à l'extrémité duquel se trouvait une maison où il donnait ses consultations à ceux qui venaient le trouver. Il se tenait d'abord dans cette maison avec sa famille. Puis, dès qu'il voyait de loin venir un étranger, il faisait un signe aux siens, se cachait dans une chambre, et s'arrangeait de façon à entendre tout ce qui se disait. On faisait causer l'arrivant, on s'informait avec adresse du but de son voyage, du lieu où il venait, de certaines particularités ; et quand le sorcier en savait assez, il s'esquivait par une porte dérobée et s'en allait vivement s'enfermer dans une seconde habitation, située à l'autre bout de sa propriété, en préparant à loisir ses réponses. Un de ses gens amenait ensuite l'étranger dans cette dernière maison, en lui faisant faire de grands détours et en lui persuadant que la distance était très longue. Notre homme l'accueillait en le saluant par son nom et lui parlait immédiatement de son pays, de son voyage, lui citant tous les détails, toutes les circonstances; si bien que l'autre le croyait doué de prescience et de divination, et ajoutait une foi aveugle à tout ce qu'il lui disait ensuite.

J'ai entendu parler d'une sorcière qui faisait mieux encore : elle envoyait au-devant des voyageurs, sur les routes, des ribauds qui les questionnaient; puis ces hommes venaient la retrouver par des chemins de traverse et lui racontaient tout avant l'arrivée des clients.

Une autre femme, dont on m'a parlé également, se voyant vieille et réduite à la misère, entreprit de se faire sorcière, et voici comment elle établit sa réputation. Elle envoya son fils voler les bœufs de certain paysan, qui demeurait très loin. Le jeune homme alla les attacher à un chêne, au fond d'une grande forêt, et revint dire à sa mère l'endroit où ils étaient; puis il se rendit en toute hâte au village où habitait le paysan. Il le trouva se lamentant et cherchant partout ses bœufs. Alors il lui dit qu'il connaissait, dans telle localité, une voyante digne de toute confiance, infaillible, qui le renseignerait sûrement et les lui ferait retrouver tout de suite. Le naïf villageois le crut, vint parler à sa mère, et apprit d'elle où étaient ses bœufs, qu'il alla reprendre bien vite. Le bruit de ce prodige se répandit dans le pays; elle en accomplit d'autres du même genre, avec la complicité de son fils, et la renommée fit d'elle une grande magicienne.

## 108. *Une église en miniature construite par des abeilles.*

Un paysan, très préoccupé de s'enrichir, avait un grand nombre de ruches. Comme il s'informait auprès de certains sorciers des moyens de les rendre productives et de faire multiplier ses abeilles, un de ces gens lui dit que si, le jour de Pâques, il gardait par devers lui la sainte hostie et la déposait dans une de ses ruches, toutes les abeilles de ses voisins quitteraient leur demeure pour se rassembler au lieu où se trouverait le corps du Seigneur, qu'elles y feraient leur miel, et qu'ainsi il pourrait se les approprier. Il suivit ce conseil. En effet, un essaim nombreux accourut bientôt à la ruche où l'hostie avait été placée, et, comme si les abeilles eussent voulu racheter l'irrévérence dont un homme s'était rendu coupable, elles entreprirent de construire à leur manière une petite église, à jeter des fondations, à élever des piliers, des colonnes, à établir un autel, le tout en cire et dans un style uniforme. Puis elles transportèrent avec le plus grand respect le corps du Seigneur sur cet autel improvisé, et terminèrent ensuite le monument, situé dans l'intérieur de la ruche, par une décoration des plus élégantes.

Alors toutes les compagnes des environs vinrent voltiger autour de cet ouvrage merveilleux, et firent entendre, en bourdonnant, des mélodies admirables, qui ressemblaient au chant des hymnes. Le paysan était dans la stupéfaction. Mais, quand vint le temps de recueillir les rayons de miel, il trouva ses ruches absolument vides : toutes avaient été désertées. Au lieu de la richesse, son stratagème ne lui avait apporté que la misère.

Furieux, il se dirigea vers la ruche où il avait déposé l'hostie et autour de laquelle il avait vu se rassembler les abeilles. Mais, à son approche, celles-ci, comme pour venger l'injure de leur Créateur, se jetèrent sur lui et le criblèrent de leurs dards; si bien qu'il put à grand'peine s'enfuir, en souffrant le martyre.

Il vint trouver le curé de la paroisse et lui raconta tout, et tout ce qu'il avait fait et ce qu'avaient fait ses abeilles. Le prêtre, après avoir consulté l'évêque, rassembla ses paroissiens et vint avec eux, en grande procession, chercher l'hostie sacrée. Alors l'essaim, sortant de sa retraite, s'éleva dans le ciel en recommençant ses accords mélodieux. On enleva la ruche, et l'on trouva à l'intérieur la jolie petite église, avec le corps du Christ placé honorablement sur l'autel. On rendit grâce à Dieu, et le monument de cire, admiré d'un chacun, fut transporté dans l'église paroissiale et déposé à son tour sur l'autel principal.

109. *Réception faite à un villageois dans un château mystérieux.*

Un habitant de la campagne nommé Jean, connu de Jacques de Vitry, et demeurant dans un village du diocèse de Cambrai, vivait dans la pratique de la pénitence, de la charité et surtout de l'hospitalité. Cet homme voulut, une fois, se procurer une statue de la sainte Vierge, afin de la recevoir, à son tour, chez lui. Il avait entendu parler d'un atelier où on en exécutait de fort belles; mais cet atelier était situé dans un village lointain, appelé Fontaines : il fallait deux grandes journées de marche pour y arriver. Cependant son désir était si vif que, profitant d'un instant de liberté, il entreprit courageusement le voyage, se promettant d'aller et de revenir d'une seule traite.

Parvenu à Fontaines, il choisit la plus belle statue qu'il put trouver, l'acheta, la paya, l'enveloppa dans une étoffe de prix, la chargea sur ses épaules, et se remit en route aussitôt, nourrissant, tout le long du chemin, le projet d'un oratoire secret, où il installerait sa Vierge d'une façon digne d'elle et irait tous les jours faire sa prière. Mais la fatigue et le poids de son précieux fardeau eurent bientôt raison de son impatience : force lui fut, en traversant un village, de chercher une hôtellerie pour prendre quelque repos. Il n'en trouva point, et il commençait à se désoler, lorsqu'un inconnu, vêtu à peu près comme un moine, l'aborda et lui dit :

« Venez avec moi; je vous procurerai un bon et honorable gîte. C'est à deux pas d'ici.

— Qui êtes-vous donc? demanda le voyageur.

— Je suis le frère Pierre, répondit simplement l'inconnu. »

Alors notre homme se laisse conduire en dehors du village. Il trouve tout à coup devant lui une forêt profonde, dans cette forêt un château magnifique, et dans ce château un seigneur plein de bonté, qui l'accueille avec joie et commande au frère Pierre de lui faire servir tout ce qu'il y avait de meilleur. On allume un bon feu; on met la table, et sur cette table une nappe d'une blancheur, d'un éclat éblouissants. Puis on apporte un pain non moins blanc et un breuvage d'une saveur incomparable. Le pauvre villageois ne pouvait se rendre compte de quelle manière la nappe était faite; il n'osait manger à son appétit, tant le goût de chaque mets lui semblait suave et délicat. Et puis il craignait qu'il n'y entrât de la viande, et c'était jour maigre. Son hôte le rassura :

« Vous pouvez manger en toute sécurité, lui dit-il; tout cela n'a même pas vu la viande de loin. »

Au dessert, on lui servit des poires d'une chair et d'un parfum délicieux. Le repas fini, la châtelaine vint s'entretenir avec lui, et lui demanda ce que c'était que cet objet si bien enveloppé qu'il portait, en arrivant, sur ses épaules. Il répondit que c'était une statue de la Vierge. Elle voulut la voir, en loua fort le travail, la recouvrit d'un voile plus précieux encore, et recommanda bien à Jean de s'agenouiller souvent devant cette belle image en faisant dévotement ses prières, car la mère de Dieu l'en récompenserait largement.

La noble dame s'étant assise, avec deux suivantes qu'elle avait amenées, à côté du maître du logis, celui-ci donna au frère Pierre l'ordre de conduire le voyageur dans sa chambre. On lui fit voir un appartement des plus riches, un lit somptueusement garni, et, comme il n'osait pas s'y coucher : « N'ayez crainte, lui dit Pierre; les draps ne sont pas de lin. »

Il s'endormit cependant, et goûta jusqu'au matin le sommeil le plus doux. Il était déjà tard quand le frère vint le réveiller, et lui, qui avait coutume de se relever chaque nuit pour l'oraison, il fut tout à fait honteux d'avoir dormi si longtemps. Alors il voulut prendre congé de son hôte mystérieux et lui adressa tous ses remerciements.

« Je ne veux pas, dit ce généreux seigneur, que mon invité soit exposé à souffrir de la faim en route; donnez-lui du pain, et qu'il mange. »

Le pain qu'on lui offrit était une nourriture si merveilleuse, qu'il lui suffit d'y goûter pour se sentir tout réconforté; il lui semblait qu'il eût pu vivre indéfiniment sans jamais prendre aucun autre aliment. Enfin il dit adieu aux maîtres du logis, et Pierre le remit dans son chemin. Mais, avant que son guide ne le quittât, il voulut absolument savoir les noms de ceux qui l'avaient si bien traité. Cédant à ses instances, le frère finit par les lui révéler :

« Votre hôte, lui dit-il, est le Seigneur Jésus-Christ en personne, qui a pris en pitié votre fatigue, et la bienheureuse Marie, sa mère, qui a voulu vous rendre l'hospitalité que vous lui préparez sous votre toit. Ils vous préparent une récompense beaucoup plus belle, si vous persévérez. Quant à moi, je suis le Prince des apôtres, et je vous conseille, en cette qualité, d'aller trouver le pénitencier de votre évêque, pour vous confesser et vous conduire d'après ses avis. »

À peine avait-il achevé, que tout disparut, et la forêt, et le château, et leurs habitants. Jean se retrouva subitement aux portes de Cambrai, tout près de son village : sa route était faite, bien que le lieu où il s'était arrêté fût à quatorze milles de là.

## 110. *Un autre jugement de Salomon.*

Un père de famille avait une femme qui l'avait trompé, et dont il passait pour avoir trois fils. Celle-ci, irritée des justes reproches qu'il lui adressait, finit par lui dire :

« Pour vous punir par une angoisse de tous les instants, je vous déclare qu'un seul de ces trois est votre enfant. Les deux autres ne vous appartiennent pas; mais l'amour du premier vous forcera à les élever et de les entretenir tout comme lui, car vous ne saurez jamais lequel est le vôtre. »

Aucun raisonnement, aucune considération ne put lui arracher son secret; si bien que le pauvre homme, conduit au tombeau par le chagrin, mit dans son testament qu'il laissait tous ses biens à celui qui était son vrai fils, à l'exclusion des deux autres. Au moment de sa mort, on le pressa de questions : il ne put rien dire de plus clair.

Chacun des trois jeunes gens prétendit naturellement être l'héritier légitime et voulut entrer en possession de la fortune paternelle. On fut obligé de les mener devant le juge.

Le magistrat, après avoir examiné la cause, prononça la sentence suivante : le défunt devait être attaché à un arbre; chacun des trois fils serait muni d'un arc et d'une flèche, et celui qui l'atteindrait le plus près du cœur serait reconnu pour l'héritier.

Deux d'entre eux eurent le courage de tirer, et leur flèche s'enfonça profondément dans le corps. Le troisième, à cette vue, s'écria que jamais il ne tirerait sur son père, et que, si quelqu'un osait le frapper de nouveau, il ne laisserait pas son crime impuni. Et, en disant cela, il versait des larmes.

Alors le juge déclara que celui-là était le véritable fils et que les autres n'étaient que des intrus, car l'instinct naturel l'avait poussé à prendre pitié de son père. De là est venue cette locution proverbiale : Le cœur ne ment pas.

### 111. *Comme l'on traite son père, on sera traité par son fils.*

Un père de famille avait un fils unique, qu'il maria et dota richement. Pour l'établir ainsi, il se dépouilla de tous ses biens. Puis, lorsqu'il fut devenu vieux et infirme, son fils, à l'instigation de son épouse, le relégua dans le coin le plus sale de la maison, de cette maison qu'il avait lui-même construite. À peine l'ingrat daigna-t-il octroyer à son père deux aunes de bure, pour se couvrir durant l'hiver.

Or, il avait, lui aussi, un fils, un petit enfant qu'il chérissait tendrement. Cet enfant, qui remarquait tout, se mit un jour à pleurer, en disant qu'il ne cesserait pas tant que son père ne lui aurait pas donné deux aunes de bure comme à son grand-père. Il finit par les obtenir, et alors il les plia soigneusement, les mit de côté; puis, quand on lui en demanda la raison, il répondit :

« C'est parce que je veux faire à mon père, quand il sera vieux, comme il a fait au sien, et lui donner deux aunes de bure pour se vêtir. »

### 112. *L'avare trahi par ses yeux.*

Un homme riche avait amassé un trésor considérable. Afin de le mieux cacher, il l'enferma dans le mur de sa maison, où il avait pratiqué une sorte d'armoire en pierre, recouverte extérieurement d'un enduit pareil à celui du reste de la muraille, et, pour bien s'en souvenir, il écrivit à cet endroit, en caractères très fins, un simple mot : *Il est là.*

Il surveillait avec soin la cachette, et, lorsqu'il mangeait, lorsqu'il allait et venait, il jetait de ce côté un coup d'œil furtif. Comme le dit saint Mathieu, où est ton trésor, là est ton cœur; et où est ton cœur, là sont tes yeux.

Bientôt un petit clerc qu'il avait à son service remarqua ce manège et découvrit l'inscription. Il se dit qu'elle n'était pas là pour rien, et que son maître devait avoir des raisons particulières pour la regarder aussi souvent. Saisissant un moment propice, il écarta la pierre qui fermait la cachette, prit tout l'argent, remit adroitement la pierre et l'enduit, et, pour ne pas faire mentir le mur, il griffonna dessus, à la place de l'ancienne inscription : *Il n'est pas là*. Puis il s'enfuit avec le trésor.

Au bout d'un instant, le propriétaire revint et, suivant sa coutume, courut vite au bon endroit. Ô stupeur! l'écriture était changée, les mots étaient changés. Le mur lui disait maintenant : Il n'est pas là!

« Mais si! il est là, » criait-il en s'arrachant les cheveux.

Il fallut que l'infortuné ouvrît à son tour l'armoire de pierre pour se convaincre qu'elle était vide.

## 113. *La joie du pauvre.*

Certain roi dit un jour à un chevalier de sa suite :

« Viens avec moi; nous allons nous promener la nuit par la ville et voir un peu ce qui s'y passe. »

Ils se mirent en marche, et, dans leur tournée, ils arrivèrent devant une petite habitation souterraine et virent briller, par son unique ouverture, un rayon de lumière. Ils s'approchèrent, et un singulier tableau s'offrit à leurs yeux.

Au milieu de la chambre était assis un pauvre homme, couvert de haillons tout déchirés. Devant lui, une créature à l'aspect misérable, sa femme, dansait et chantait de tout son cœur, en l'admirant et en le portant aux nues. Des gens réduits à une détresse pareille, sans maison, sans vêtements, montrer une pareille joie, une telle sécurité, se conduire comme s'ils nageaient dans l'abondance! Le roi n'en revenait pas. Il dit à son compagnon :

« C'est une chose vraiment merveilleuse que notre vie, pleine de délices et de gloire, ne nous ait jamais plu autant que plaît à ces imbéciles leur existence abjecte. Elle leur paraît douce, agréable; elle n'est pourtant qu'amertume et souffrance.

— Oui, répondit sagement le chevalier; mais la nôtre paraît encore bien plus malheureuse et bien plus sotte à ceux qui recherchent la vie spirituelle et la gloire céleste. Nos splendides demeures, nos beaux costumes, nos richesses ne sont à leurs yeux que fumier, et notre gloire que fumée : tout est relatif. »

## 114. *La chute du Petit-Pont de Paris.*

L'an 1206, au mois de décembre, Dieu frappa le royaume de France : les pluies tombèrent avec une extrême violence; les fleuves débordèrent en torrents; les arbres les plus hauts furent déracinés, et, dans certaines bourgades, les édifices furent détruits de fond en comble. Mais de toutes les villes la plus éprouvée, ce fut celle de Paris, Paris la capitale et l'âme de la France.

La Seine sortit de son lit; la ville, entièrement inondée, fut atteinte jusque dans ses fondements. On ne pouvait traverser les places et les rues qu'en bateau. La plupart des maisons furent renversées; celles qui restaient encore debout étaient ébranlées par le choc continu des eaux et menaçaient de tomber en ruines. Le pont de pierre qu'on nomme le Petit-Pont, par rapport au Grand-Pont, ne pouvait résister à la poussée des flots; à chaque instant on croyait qu'il allait crouler. On y apercevait déjà plusieurs trous énormes; la ruine paraissait imminente.

Alors la cité pleine de richesses fut dans la désolation; la reine des villes se trouva plongée dans la tristesse. Les prêtres gémissaient, les vierges étaient dans le deuil. La ville succombait sous le poids de la douleur, et personne ne pouvait la consoler. Ce peuple n'avait plus qu'une espérance : c'était le secours de la bienheureuse Geneviève, dont les bienfaits ont toujours ému les Parisiens d'une si vive reconnaissance. « Que sainte Geneviève sorte de son temple! criait-on. Qu'elle vienne défendre ses fidèles serviteurs qui la supplient, qui tremblent, qui vont périr tous indistinctement si elle ne secourt pas sa ville! Qu'elle serve de muraille à sa nation! Qu'elle arrête la colère de Dieu par son humble prière, et qu'elle obtienne miséricorde auprès du Tout-Puissant! » Tel était le cri de l'évêque Eudes, du clergé et du peuple.

On apporte à notre église les reliques des saints, et la bienheureuse Geneviève sort de son temple : elle marche à la tête de son peuple, comme une colonne de feu dans la nuit de l'adversité. Nous arrivons au Petit-Pont : pour le passer, il ne faut pencher ni à droite ni à gauche, mais se tenir droit au milieu. Autrefois le peuple d'Israël, précédé de l'Arche d'alliance, traversa le Jourdain à pied sec : le peuple de Paris, précédé de sainte Geneviève et des reliques des saints, passe ce pont dangereux, qui menace ruine sous les coups redoublés des eaux. Moïse divisa les flots de la mer pour faire une route au peuple d'Israël : la bienheureuse Geneviève traverse avec son peuple les eaux grossies de la Seine; elle est moins soutenue par le pont qu'elle ne le soutient elle-même, grâce à la protection divine. Enfin, à peine sommes-nous arrivés à l'église Notre-Dame, que la paix et la tranquillité (comme je l'ai entendu dire, comme je l'ai vu moi-même) remplacent partout les secousses. La ville ébranlée jusque dans ses fondements devient calme et tranquille. Le peuple déborde de reconnaissance envers Geneviève...

Tous les habitants de Paris en ont été témoins : depuis le samedi où sainte Geneviève traversa les flots grossis du fleuve, les eaux diminuèrent tant que la Seine ne fut pas rentrée dans son lit; à partir de ce jour, le Seigneur ne fit plus tomber les eaux du ciel. Sainte Geneviève repartit de l'église; tout le peuple la suivait. Le pont chancelait sur ses bases; elle le passa. Mais, dès qu'elle fut rentrée dans son temple, dès que les fidèles furent rentrés dans leurs maisons, à peine une demi-heure après la procession, c'est-à-dire au commencement de la nuit, le Petit-Pont s'écroula. Lui qui, peu auparavant, avait soutenu, tout fracassé qu'il était, le poids d'un peuple entier, il s'écroula sans renverser ni blesser personne.

CHAPITRE VI

# LES FEMMES

*Les femmes, instruments de Satan, ne cessent de peupler les sermons des prédicateurs. Assoiffées de sexe, elles entraînent l'homme vers le stupre et l'adultère; les soins de beauté ne sont-ils pas des pratiques diaboliques liées à la luxure et à l'orgueil? Les fards, les perruques, les ornements donnent à la femme une apparence artificielle, qui s'oppose à l'état naturel du corps voulu par Dieu. Et que dire de l'inconstance de la femme, de son humeur querelleuse, de sa propension à la magie? Mais la femme a un modèle illustre : la Vierge Marie, à condition de ne point en être jalouse...*

## 115. *Une femme mise en châsse par son curé.*

Un curé du diocèse de Reims avait une paroissienne qu'il connaissait pour une grande pécheresse, mais dont les fautes étaient ignorées de tout le reste du monde. Un jour qu'elle essayait de se justifier auprès de lui et qu'il ne pouvait lui arracher l'aveu d'un seul péché, il l'enferma dans l'intérieur de la balustrade où ils se trouvaient, et s'en vint annoncer au peuple que Dieu avait fait tomber entre ses mains les plus précieuses reliques que l'on ait jamais conservées d'une mortelle quelconque, à l'exception de la mère de Dieu : c'étaient celles d'une femme qui n'avait point péché. Puis il alla sonner les cloches, fit convoquer toute la paroisse, et déclara qu'il allait renfermer cette femme dans une châsse d'argent.

Alors enfin, couverte de confusion, elle se décida à tout avouer et lui confessa des énormités.

### 116. *En quel cas l'eau bénite donne la lèpre.*

Une certaine veuve, qui avait commis de graves péchés, ne pouvait se résoudre à aller se confesser. Elle arriva ainsi jusqu'à la veille de Pâques. Alors le diable lui souffla à l'oreille ce beau raisonnement : « Le curé te croit honnête, il a confiance en toi; va quand même recevoir la communion. Il pensera que tu as été te confesser à quelque frère mineur ou à quelque dominicain. »

Elle avait si grand peur d'être montrée au doigt si elle s'abstenait, qu'elle obéit à cette suggestion détestable et se rendit le matin à l'église. En entrant, elle prit de l'eau bénite. Aussitôt une de ses amies, qui se trouvait en même temps qu'elle au bénitier, s'écria tout haut :

« Sainte Marie! belle voisine, dans quel état êtes-vous venue ici!

— Comment! dans quel état? Que voulez-vous dire?

— Ce que je veux dire? sainte Marie! Mais vous êtes une des plus horribles lépreuses que j'ai jamais vues! »

La malheureuse porta la main à sa figure et reconnut que sa voisine disait vrai : chaque goutte d'eau bénite lui avait fait sur le front une tache de lèpre. Alors elle fut touchée d'un profond repentir et dit en elle-même : « Il ne fait pas bon s'en prendre à plus fort que soi. » Puis, sans recourir aux vieilles sorcières, ces fausses guérisseuses maudites de Dieu, elle alla se jeter aux pieds de son confesseur et lui fit un aveu complet. En recevant l'absolution, elle se trouva débarrassée de son mal.

### 117. *Punition d'une danseuse qui troublait le sermon.*

Il y avait, à Angers, une jeune étourdie qui, les jours de fête, au lieu d'aller au sermon comme les autres, invitait ses compagnes à la danse et, tout près de la place publique où se faisait entendre le prédicateur, se mettait à chanter d'une voix retentissante, à tel point que le pieux exercice en était interrompu. Toutes les réprimandes n'avaient pu la faire renoncer à sa scandaleuse habitude.

Mais voilà qu'un jour, au moment où elle entonnait son chant, elle fut saisie par un démon et couverte subitement d'une telle quantité de pustules, que son corps paraissait tout enflé, tout empesté, tout pourri. Ses amis, désolés, la conduisirent de pèlerinage en pèlerinage pour obtenir sa guérison; mais elle n'en rapporta aucun soulagement.

À la fin, ils eurent l'idée de l'amener à un établissement religieux situé au lieu même où elle avait donné le mauvais exemple. On supplia les moines de cette communauté de prier pour sa délivrance. Ils le firent, et le démon, en effet, la quitta; mais l'infection dont elle était atteinte persista encore. Il fallut que quelqu'un lui donnât le conseil d'aller se confesser.

À confesse, elle chercha en vain le péché mortel qu'elle pouvait avoir commis. On lui fit comprendre alors que ses danses et ses chants avaient gravement offensé Dieu, en empêchant les fidèles d'ouïr le sermon. Elle le reconnut, et, l'ayant avoué avec des larmes, elle promit de ne plus conduire de rondes ni chanter de chansons pendant que l'on prêcherait. Aussitôt elle se trouva guérie.

## 118. *La femme de Pilate calomniée.*

Une dame noble avait invité un dominicain habitué à tonner contre les femmes, à venir prêcher dans la chapelle de son château, en lui permettant de s'étendre sur son sujet favori tout à son aise, sans crainte de choquer aucune de celles qui l'écouteraient. Après quelque résistance, le frère consentit. Tout alla bien d'abord. Le prédicateur dit beaucoup de mal des femmes sans soulever de protestation. Mais, au bout d'un instant, voilà qu'il vient à parler de l'épouse de Pilate et des instances qu'elle fit auprès de son mari pour sauver le Christ; et, au lieu de lui rendre justice, il démêle encore dans cette intervention un but perfide :

« La femme de Pilate, dit-il, a voulu par là mettre obstacle au salut du genre humain! »

À ce trait, la châtelaine n'y tient plus. Elle se lève brusquement et lui crie, en plein sermon, de cesser de calomnier son sexe.

### 119. *Le lépreux mystérieux.*

J'ai connu (dit Jacques de Vitry) une noble dame qui était remplie de compassion pour les malades, et particulièrement pour les lépreux. Son mari, un seigneur puissant et de haut parage, les avait, au contraire, en horreur, à tel point qu'il ne pouvait supporter leur vue et ne leur permettait pas de pénétrer dans les dépendances de son château. Un jour qu'il était absent, voilà justement un lépreux qui se présente à la porte et qui se met à appeler. La maîtresse du logis accourt, et lui demande s'il désire boire ou manger.

« Oui, répond-il; mais, par-dessus tout, je souffre de l'ardeur intolérable du soleil. Je ne boirai pas, je ne mangerai pas, je ne recevrai de vous aucun service, avant que vous ne m'ayez mis à l'abri dans votre maison.

— Mais ne savez-vous pas, reprend-elle, combien monseigneur a les lépreux en aversion? Il va revenir d'un instant à l'autre, car voici déjà longtemps qu'il est parti à la chasse. S'il vous trouve chez lui, il est capable de me tuer, et vous aussi. »

Le lépreux ne l'écoutait pas, mais ne faisait que pleurer et se lamenter. À la fin, la noble femme, ne pouvant endurer ses cris, le prit dans ses bras et le porta elle-même dans sa demeure. Là, elle lui offrit de quoi se restaurer; mais il refusa de rien accepter si on ne lui permettait pas d'entrer dans la chambre du seigneur et de se coucher dans son lit, car il voulait, disait-il, se reposer un peu avant de prendre sa nourriture.

La châtelaine, toute remplie de l'esprit de charité et dominée entièrement par la pitié qu'elle éprouvait, vit qu'elle ne pouvait arrêter les larmes et les gémissements du malheureux qu'en cédant à son caprice : elle le laissa se coucher sur son lit. Elle fit plus : elle prit son oreiller et l'arrangea sous la tête du lépreux; elle prit ensuite une couverture de petit gris et l'étendit sur son corps.

Tout à coup voilà le seigneur qui, fatigué de sa chasse, revient à la maison. La première chose qu'il fait en revenant, c'est de dire à sa femme : « Madame, ouvrez-moi cette chambre; j'ai besoin de dormir et de me reposer. » Il faisait, en effet, une chaleur accablante.

La pauvre dame, muette de saisissement, se met à trembler de tous ses membres : elle voit déjà le lépreux percé de coups d'épée; elle songe à cet infortuné plus encore qu'à elle.

Remarquant son trouble et son hésitation, son mari entre en fureur et pénètre de vive force dans la chambre. Elle attend, plus morte que vive. Quelques instants se passent. Enfin, le seigneur revient vers son épouse et lui dit tranquillement :

« Vous avez très bien fait, madame; vous avez admirablement préparé mon lit aujourd'hui. Mais je me demande où vous avez pu trouver de pareils aromates : toute la chambre en est embaumée, et ce parfum est si suave, que je me suis cru transporté dans le paradis. »

Stupéfaite de l'entendre parler ainsi, elle entre à son tour dans la chambre et reconnaît que son mari a dit vrai : le lépreux n'y est plus. Alors, toute pénétrée d'admiration devant ce prodige éclatant, elle raconte, par le menu, toute l'histoire à son seigneur. Celui-ci, profondément ému, maudit sa sotte délicatesse et prit aussitôt la résolution d'exercer la charité comme sa femme.

## 120. *À faire la charité on ne perd pas la messe.*

Une noble dame assistant à l'office, au plus fort de l'hiver, aperçut derrière elle une pauvre femme à laquelle la rigueur du froid arrachait des gémissements. Elle chercha le moyen de la soulager, et se dit que le mieux était de lui donner le pelisson qui recouvrait ses propres épaules. Mais il lui était très pénible de quitter la messe pour aller s'en dépouiller, et d'un autre côté elle ne pouvait se résigner à attendre la fin de l'office, car la pauvresse, à peine vêtue, souffrait atrocement.

Elle réfléchit un instant; puis elle fit signe à la femme, l'emmena avec elle dans l'intérieur de la tour qui servait de clocher, quitta son pelisson et l'en revêtit. Après quoi, elle se rhabilla et redescendit dans l'église.

La messe terminée, le chapelain la fit appeler en particulier et lui dit :

« Madame, où donc avez-vous été quand vous êtes sortie de l'église? Si je vous le demande, c'est que je n'ai pas pu dire un mot de la Secrète, où j'en était arrivé, jus-qu'au moment précis où vous êtes revenue. »

Dieu avait regardé avec tant de complaisance l'action charitable de cette sainte femme, qu'il lui avait épargné la douleur de manquer une partie de la messe et lui avait réservé l'office tout entier.

## 121. *Une grande dame jalouse de la sainte Vierge.*

En France vivait un jeune seigneur qui, depuis son enfance, montrait une grande dévotion pour la très sainte Vierge Marie; si bien qu'à côté de son appartement privé il avait fait bâtir une chapelle en son honneur. Et de temps en temps il se levait la nuit, sans que personne le sût, pour aller y prier.

Ce pieux seigneur, cédant aux conscils de ses amis, épousa une femme de grande famille, aussi bonne que jolie, et il se mit à l'aimer ardemment. Bientôt elle lui annonça qu'elle lui donnerait un enfant, ce qui fit qu'il l'aima davantage encore.

Une nuit, alors qu'elle approchait de son terme, il profita du sommeil où elle paraissait plongée pour se lever en silence, et se rendit dans sa chapelle afin d'y faire une prière. La dame s'éveilla, et, voyant qu'il tardait à revenir, entra dans d'étranges perplexités et le soupçonna vaguement d'être allé ailleurs.

Une deuxième nuit, le même fait se renouvela. Elle ne dormit pas; son imagination travailla, et ses soupçons prirent une forme plus accusée. Se levant donc, elle parcourut les chambres des dames et des demoiselles, afin de voir s'il ne s'y trouvait pas. Cependant lui, qui ne se doutait de rien, revint se coucher tranquillement et sans bruit.

Le lendemain, les suivantes, voyant leur maîtresse toute contristée, au point qu'elles ne pouvaient lui arracher ni une phrase ni un mot, et ne s'expliquant pas un pareil abattement, en avertirent son mari. Celui-ci alla aussitôt la trouver dans sa chambre et essaya de la rasséréner. Après l'avoir longuement exhortée, il en obtint ces paroles :

« Je me croyais assez noble, assez belle, assez jeune pour pouvoir vous suffire. »

Stupéfait d'une pareille imputation, le seigneur prit la peine de se disculper, avec toute la douceur possible; mais elle ne voulut rien écouter. Alors, poussé à bout, il lui déclara qu'en effet il servait une dame plus belle et plus méritante qu'elle. À peine avait-elle entendu ces mots, qu'elle saisit un poignard et s'en donna un coup mortel.

À cette vue, le malheureux époux, criant, sanglotant, s'enfuit dans sa chapelle et s'y renferma tout le jour et toute la nuit. Il implorait la glorieuse Vierge avec larmes et gémissements, et lui disait :

« Voilà donc, ô dame du ciel, les faveurs que j'ai obtenues de vous, après vous avoir si longtemps servie! J'ai perdu à la fois une épouse tendrement aimée et l'enfant qu'elle portait dans son sein. À présent je vous conjure, ô ma souveraine, et je vous supplie de tout mon cœur de me secourir dans cette cruelle extrémité. »

Cependant la pauvre femme fut mise dans le cercueil, la veillée des morts fut célébrée avec solennité, et les amis de la famille accoururent de partout pour assister aux funérailles. Mais tout à coup on vit la morte se lever de son cercueil, appeler une suivante, demander ses vêtements, s'habiller, se parer, et pénétrer dans la chapelle sans qu'on le lui dît. Son mari, accablé par la fatigue de cette horrible nuit, était étendu sur les dalles. Elle le réveilla et lui parla ainsi :

« Monseigneur, vous m'avez dit vrai; vous avez une amie plus belle que moi et cent fois préférable. Elle a supplié pour moi son Fils, et elle a obtenu de lui que l'acte de folie que j'ai commis ne cause pas ma perte éternelle. Votre enfant lui-même n'a point péri, car je le sens vivant dans mes entrailles. Servez cette dame encore plus dévotement à l'avenir, et je m'associerai à vous, je vous le jure. »

L'enfant naquit bientôt après, ayant une cicatrice sur le front. La mère, l'ayant nourri, alla le conduire avec son mari à l'église de Notre-Dame de Roc-Amadour, et là, rendant grâce à Dieu et à la bienheureuse Vierge d'un bienfait si extraordinaire, ils montrèrent au peuple, en témoignage de la vérité, la blessure de l'enfant. La dévotion des fidèles envers Notre-Dame fut par là puissamment encouragée.

## 122. *Un mari allaité par sa femme.*

Il y avait une fois une bonne et honnête femme dont le mari avait été mis en prison. Le seigneur du pays défendit sous les peines les plus sévères de porter à boire ou à manger au prisonnier, car il voulait le forcer à mourir de faim, tant son crime était grand. L'épouse du malheureux allait le voir tous les jours. Comme elle ne pouvait rien introduire dans la prison, elle eut l'idée de lui donner le sein, et pendant quelque temps elle le nourrit en cachette de son propre lait.

Au bout d'une quinzaine, le seigneur s'informa du condamné et demanda s'il était mort : on lui dit qu'il vivait encore. Alors il se figura qu'un de ses serviteurs, qu'un des gardiens lui avait donné à manger. Furieux à l'idée de cette désobéissance, il fit amener le prisonnier devant lui et le questionna.

Après avoir tergiversé, l'homme finit par déclarer la vérité. Quand il sut ce qu'avait fait la pauvre femme, le seigneur demeura stupéfait, mais ne put s'empêcher de louer sa fidélité conjugale. Touché de compassion, il la fit venir à son tour, et, pour la récompenser de son dévouement, il lui rendit son mari.

## 123. *La nouvelle matrone d'Éphèse.*

Certaine femme avait perdu son mari et ne pouvait s'arracher du tombeau où on l'avait déposé. Elle y passait son temps à pleurer. Or, un grand seigneur, qui avait commis des crimes, venait d'être pendu tout près de là, et le roi avait commandé à un de ses soldats, sous peine de la vie, de veiller sur ce criminel, de peur que ses parents ne le fissent enlever. Mais, le gardien s'étant éloigné pour aller boire, trouva, quand il revint, le pendu disparu.

Il se mit à pleurer à son tour, tant il redoutait l'effet des menaces du roi, lorsqu'en traversant le cimetière il aperçut la veuve qui se lamentait sur le monument de pierre élevé à son mari. Celle-ci lui demanda la cause de sa douleur ; il la lui apprit. Alors, le trouvant doué d'un extérieur agréable, elle lui demanda ce qu'elle ferait bien pour lui épargner le châtiment qui le menaçait et pour le rendre riche.

Il la supplia de faire tout ce qui lui serait possible.

« Jurez-moi, lui dit-elle, que vous m'épouserez si j'en trouve le moyen. »

Il y consentit; aussitôt elle lui donna le corps de son mari pour le pendre à la place de l'autre. Ils se marièrent ensuite, et le soldat entra en possession de tout l'avoir du premier époux.

## 124. *Les suites d'un rendez-vous aux bains.*

Un jeune galant poursuivait de ses importunités une honnête femme, qui était l'épouse d'un bourgeois. Celle-ci, obsédée, raconta tout à son mari, et, d'accord avec lui, donna un rendez-vous au jouvenceau. Il devait venir la retrouver aux bains, le jour du grand marché, à l'heure où son seigneur et maître serait occupé à la vente de ses marchandises.

Il s'y rendit en effet, et, attendant sa conquête, qui, sous prétexte de préparer un repas, tardait à le rejoindre, il demanda un bain et s'y plongea. Le mari, informé de ses faits et gestes, arriva à l'improviste, amenant avec lui une troupe de voisins, s'empara de force de sa personne, et le fit entrer tout nu dans un four qui dépendait de l'établissement. Il y entassa ensuite de la paille, du bois, boucha l'ouverture avec un paquet de chiffons, et s'écria qu'il voulait chauffer le four afin de cuire des tartes. En disant cela, il approcha la flamme de l'orifice, et le feu prit.

Aussitôt le malheureux, qui se tenait blotti dans l'intérieur, sauta dehors à demi brûlé, et, malgré sa nudité, se produisit aux yeux de la foule. On l'arrêta comme adultère, et, en cette qualité, on le promena par la ville dans l'état où il se trouvait, en le fustigeant et en le couvrant de huées.

## 125. *Une tentative de chantage.*

Une femme, dont la parole était sujette à caution, était allée se plaindre en justice d'avoir été violentée par un jeune homme. Celui-ci niait de toutes ses forces qu'il lui eût fait violence. Le juge, assez embarrassé, leur enjoignit d'abord de se présenter tous les deux, au jour fixé, devant le tribunal. Là, il donna à choisir au jeune homme, ou d'épouser la plaignante, ou de l'indemniser. Le prévenu préféra l'indemniser, et lui remit sur-le-champ une certaine somme.

Cette femme prit l'argent, le serra dans son corsage, et s'en alla contente. Mais alors le magistrat dit à l'homme :

« Courez vite après elle, et tâchez, par tous les moyens en votre pouvoir, de reprendre ce que vous lui avez donné. »

L'autre, enchanté, se lança à sa poursuite, l'atteignit, et se mit en devoir de ressaisir son bien : tous ses efforts furent inutiles; la femme se défendit si vigoureusement, qu'il la lâcha, fort maltraité, et reprit le chemin du tribunal.

Devant ce résultat, le juge rappela immédiatement la prétendue victime et lui dit :

« Vous voyez bien que vous avez menti. Si vous aviez défendu votre vertu avec autant d'énergie que votre argent, jamais on eût pu vous en dépouiller. »

Et il lui fit restituer la somme.


126. *Une grande princesse refuse de changer de costume avec son mari.*

Un grand prince, que je ne nommerai pas, s'habillait très simplement, et cette tenue déplaisait à sa femme, qui aimait le luxe et l'ostentation; aussi se plaignait-elle souvent de lui à sa famille. À la fin, le mari se fatigua de ses remontrances.

« Madame, dit-il, il vous plaît que je me couvre de vêtements précieux?

— Oui, certes, et je tiens à ce que vous le fassiez.

— Eh bien! soit, j'y consens, puisque la loi conjugale veut que l'homme cherche à plaire à son épouse. Mais la réciproque est juste, et cette même loi vous oblige à vous conformer aussi à mes désirs : vous allez donc me faire le plaisir de porter le costume le plus humble; vous prendrez le mien, et moi le vôtre. »

La princesse, comme on le pense, n'entendit point de cette oreille et se garda bien, à l'avenir, de soulever la question.

### 127. *La vraie cause des migraines.*

J'ai vu autrefois (dit Étienne de Bourbon) un saint homme qui passait pour opérer des miracles. Sur la foi de sa réputation, quelques dames vinrent un jour le trouver, et lui demandèrent de vouloir bien dire des prières pour certaine damoiselle de bonne maison et lui imposer les mains, parce qu'elle endurait continuellement des maux de tête atroces. Il y consentit; mais, quand il eut vu la personne en question et considéré l'édifice de sa coiffure, il lui dit simplement :

« Promettez-moi, d'abord, madame, de déposer tous ces vains ornements, tout cet orgueilleux échafaudage qui surmonte votre chef, et alors je prierai le Seigneur pour vous avec la plus grande confiance. »

Elle refusa; le sacrifice lui coûtait trop.

Bientôt, cependant, les douleurs devinrent plus fortes; elles s'aggravèrent tellement, que la malheureuse dut se résigner à rappeler le serviteur de Dieu, et, cette fois, elle déposa devant lui ses faux cheveux, ses bandelettes dorées et tout le reste, en lui jurant qu'à l'avenir elle ne porterait plus rien de semblable. Alors il se mit en prières; mais déjà le miracle était accompli : tout le mal avait disparu.

Cet homme de sens s'appelait le frère Dominique; il était d'origine espagnole et fut un des compagnons du fondateur des Frères Prêcheurs dans sa mission chez les Albigeois. Il est mentionné dans la vie de ce dernier. Quant au fait qu'on vient de lire, il se passa au couvent de Saint-Antoine de Paris, et il arriva réellement à une des damoiselles de la comtesse de Montfort.

### 128. *La couronne impériale sur un faux chignon.*

Les malheureuses qui entassent sur leur tête les cheveux d'autrui n'oseraient certainement pas s'étendre sur leur lit, si elles savaient y trouver une main ou quelque autre membre appartenant à un cadavre de femme : comment donc peuvent-elles, sans frémir d'horreur, parer leur chef d'une chevelure morte? Elles ignorent, sans doute, la parole que l'on attribue au père de l'empereur Frédéric. Un soir, ce prince s'était mis au lit, et l'impératrice, son épouse, voulant l'y rejoindre, déposa sous ses yeux tout l'édifice de sa coiffure, avec une masse énorme de cheveux postiches.

À cette vue, voilà l'empereur qui appelle ses gardes, ses sergents, et qui, saisi de dégoût, crie comme un forcené :

« Vite, vite, enlevez de ma chambre cette dépouille de mort et jetez-la au feu; vous allez voir comme cela sent mauvais. Je veux une épouse tout en vie, et non une épouse à moitié morte. »

## 129. *Les coquettes à la procession.*

Un bourgeois de Paris avait épousé une vieille coquette, fanée et ridée, qu'il prit bientôt en aversion. Certain jour de fête, elle se para plus que de coutume et se mit à suivre la procession de sa paroisse. Le mari, qui venait derrière, apercevant de loin une chevelure d'un blond doré qu'il ne connaissait pas, flottant sur des épaules de femme et surmontée d'une coiffe des plus élégantes, se figura que le tout appartenait à quelque jeune fille d'une beauté merveilleuse, et se dit en lui-même que bienheureux serait l'homme qui obtiendrait sa main. Puis, poussé par la curiosité, il pressa le pas, la devança et se retourna brusquement pour la contempler en face. « Ô ciel! s'écria-t-il tout confus, en la reconnaissant à ses rides, êtes-vous changée en singe, madame? Il fait meilleur vous suivre que vous rencontrer. Par derrière, vous êtes une femme; par devant, vous en êtes une autre. On peut bien dire de vous : le sac vaut mieux que le trousseau. »

Les coquettes de cette espèce sont comme Janus qui, d'un côté, a l'aspect d'un vieillard, de l'autre celui d'un jeune homme. Leur tête est ornée d'une tresse de cheveux postiches, voire de cheveux de cadavres, enveloppés dans l'or ou la soie. Aussi vit-on jadis, le dimanche des Rameaux, un singe très malin, qui regardait passer la procession de la fenêtre d'un riche hôtel, jouer un bon tour à une autre femme d'âge plus que raisonnable, au moment où elle s'avançait majestueusement, la tête couverte d'un imposant édifice. Voulant sans doute faire voir à tous que ce monument n'était point adhérent à sa base, l'animal, descendant le long de la chaîne qui le retenait, enleva à l'improviste cheveux et couvre-chef, remonta à sa fenêtre, et montra de là son butin à la foule.

Tout le monde éclata de rire en voyant l'élégante transformée en vieille femme chauve et s'en allant avec sa courte honte.

### 130. *Ne pas se fier à la chevelure d'une danseuse.*

Maître Étienne de Cudot, qui avait renoncé à l'archidiaconé d'Auxerre, ainsi qu'à une prébende à Paris, pour se consacrer à la petite paroisse de Vermenton, où il espérait faire plus de bien, avait pris l'habitude de réunir chaque dimanche tous ses paroissiens et de leur faire une instruction, enseignant aux plus ignorants à réciter le *Pater*, l'*Ave Maria* et le Symbole des apôtres.

Mais il y avait dans le village une *mairesse* qui ne supportait pas que cet exercice vînt interrompre les danses et autres divertissements du dimanche. Rassemblant avec elle plusieurs jeunes filles, elle eut l'audace de venir danser devant la porte de l'église. Le pasteur, transporté d'un saint zèle, sortit aussitôt du temple avec une partie de ses auditeurs, et voulut mettre un terme à ce scandale.

Sa parole étant impuissante, il étendit le bras vers la tête de la mairesse, afin de l'arrêter. Mais quelle fut sa stupéfaction! Le voile de cette femme lui resta dans la main, et avec ce voile vinrent du même coup tous ses cheveux et tous les ornements qu'elle portait sur la tête.

Couverte de confusion en voyant sa calvitie trahie, et en apparaissant aux regards de la foule le crâne aussi dénudé que si elle avait eu la gale, elle voulut, pour cacher sa rougeur, relever sa robe sur sa tête. Mais alors ce fut une nouvelle honte et de nouvelles moqueries. Son humiliation devint de l'effarement, et elle prit la fuite.

### 131. *L'inconvénient du maquillage.*

Une vieille femme toute maquillée était venue trouver un grand et puissant personnage pour lui demander quelque faveur. Il la reçut la tête appuyée sur un oreiller, et, voulant la confondre, il pratiqua, pendant qu'elle lui parlait, un petit trou dans l'enveloppe du coussin. Puis, en appuyant légèrement dessus, il en fit sortir des plumes, et, d'un souffle adroit, les dirigea l'une après l'autre sur le visage de la coquette. Là, elles se collèrent sur la peinture encore fraîche et sur les onguents qui l'accompagnaient.

La chambre était plongée dans une demi-obscurité; si bien qu'elle ne s'aperçut de rien. Mais, quand elle en sortit, tout le monde lui vit la figure couverte de plumes et la tourna en ridicule. Plus elle se frottait pour les enlever, et plus elles se collaient ensemble, mettant à nu ses rides et formant un véritable gâchis. On eût dit une statue peinte en réparation.

### 132. *La mort ne désarme pas la méchanceté des femmes.*

Une méchante femme avait son mari à l'article de la mort. Il avait déjà perdu l'usage de ses membres et de sa langue. Elle appela donc sa servante et lui dit :

« Hâte-toi : va m'acheter trois aunes d'étoffe de bure pour ensevelir mon mari. »

La servante répondit :

« Madame, vous avez de la toile de lin en quantité; vous pouvez bien en consacrer quatre aunes et plus à lui faire un suaire. »

Mais la maîtresse, révoltée à cette idée, répartit vivement :

« Non pas; c'est bien assez de trois aunes de bure. »

Et, là-dessus, elles se mirent à se disputer. Elles firent un tel vacarme, que le moribond, dans un effort désespéré, se redressa sur son lit et proféra comme il put ces paroles ironiques :

« Faites-m'en un bien court et bien grossier, pour que la boue ne l'abîme pas! »

Le mot resta, et de là vint le dicton populaire : *Cort le me faites por le crotter.*

### 133. *La langue d'une vieille femme surpasse le diable en malice.*

Le diable avait travaillé pendant trente ans et plus à désunir deux époux, et n'avait pu même arriver à leur faire échanger une seule fois des paroles désagréables.

Voulant y parvenir à tout prix, il se transfigura en beau jeune homme, et s'assit tristement au bord d'un chemin, tenant à la main une *gourle*, comme on dit vulgairement, c'est-à-dire une bourse pleine de deniers.

Il vint à passer par là une vieille blanchisseuse, qui lui demanda qui il était et quelle était la cause de son chagrin.

« Je vais vous le dire, répondit-il, et je vous donnerai tout cet argent si vous me jurez de m'aider de tout votre pouvoir. »

Elle le lui jura, et alors il lui raconta qu'il était un démon bien malheureux et qu'il craignait d'être fortement puni par son maître, car, depuis trente ans qu'il s'était attaqué à un homme et à une femme mariés ensemble, il n'avait pu les faire pécher ni disputer : il fallait donc qu'elle vînt à son secours. Il lui désigna les deux époux en question, lui remit l'argent, et s'en alla.

La vieille eut bientôt combiné son plan. Elle prit avec elle une jeune fille, l'installa dans sa demeure; puis elle vint trouver la femme qui avait si bien su résister au démon, et lui dit, avec un air de compassion : « Ma pauvre dame, votre mari est féru d'amour pour une fille du voisinage, qu'il a vue chez moi. J'ai appris qu'il lui a fait certaines propositions; il lui a même déjà promis une robe de tel tissu qu'elle voudrait. » En effet, cet homme était marchand d'étoffes.

Son épouse déclara qu'elle ne croirait jamais cela, car son mari était honnête et vertueux.

« Vous ne me croyez pas? reprit la vieille. Eh bien! puisqu'il vous faut des preuves, vous en aurez. »

Elle s'en alla ensuite trouver le mari, et lui raconta que sa femme était aimée de tel clerc, appartenant à telle église qu'elle-même fréquentait, et qu'étant derrière une colonne, en train de prier, elle les avait entendu parler ensemble : ils s'étaient concertés pour le dépouiller, lui, et pour s'enfuir tous deux après.

L'honnête homme refusa aussi de la croire. Alors elle lui dit :

« Demain, à telle heure, vous pourrez les voir de vos yeux s'entretenant comme l'autre jour; car ils se sont donnés rendez-vous à tel endroit. »

Puis, rentrant chez elle aussitôt, elle chargea la jeune

fille de se rendre, avec une somme d'argent, à la boutique du marchand, comme pour choisir et acheter une étoffe. La femme de celui-ci vit l'envoyée entrer et sortir, et commença à soupçonner que la vieille pouvait bien lui avoir dit vrai. Le soir, elle avait tant de chagrin, qu'elle ne put manger. Son mari, remarquant sa tristesse, ne put réprimer, de son côté, un profond étonnement, et se dit aussi qu'il devait y avoir quelque chose.

Pendant ce temps, la vieille s'arrangeait pour que le clerc qu'elle avait mis en cause se trouvât le lendemain au rendez-vous imaginé par elle, et échangeât quelques paroles avec la femme du marchand, pendant que ce dernier les observait. Elle revint ensuite trouver la femme qui elle-même avait vu la fille emporter un paquet d'étoffe, et lui dit :

« Madame, soyez sûre que votre mari a déjà commis le mal et qu'il est dévoré par l'amour de cette petite. Vous avez pu remarquer combien il était sombre en votre présence. La robe est emportée; votre époux est perdu pour vous, si vous n'y remédiez au plus vite.

— Et comment y remédierais-je? demanda la pauvre femme.

— Si vous pouvez, reprit la vieille, lui couper seulement trois poils de la barbe avec son rasoir, à la faveur de son premier sommeil, il vous reprendra en affection et n'aura plus pour l'autre que du dégoût. »

Elle lui promit que, dès la nuit suivante, elle tenterait l'opération.

Après cela, la mégère vint dire au mari que sa femme avait comploté sa mort avec le clerc qu'elle aimait, et que, sur le conseil de celui-ci, elle devait essayer, la nuit même, de lui couper la gorge avec son rasoir, qu'elle l'enivrerait si elle pouvait, et qu'il ferait bien de ne pas trop boire et de ne pas s'endormir. Notre homme se coucha donc très anxieux et fit semblant de dormir.

Bientôt il sentit la main de sa femme qui lui tâtait le cou. D'un bond, il sauta sur elle, lui saisit le bras et lui arracha le rasoir. Toute sa famille se réveilla; on apporta de la lumière, et chacun put constater le crime qui se préparait.

Le lendemain matin, le malheureux manda ses amis, et

les amis de sa femme, et le curé de la paroisse : il leur
dénonça la tentative d'assassinat, et, comme pièce à
conviction, leur montra le rasoir. L'épouse calomniée
demeurait muette de confusion. Heureusement le curé la
prit à part, la questionna, questionna le mari, questionna
la vieille, et finit par arracher à celle-ci des aveux com-
plets.

Ainsi donc, il est prouvé que la langue d'une femme est
plus savante dans l'art de faire le mal que le diable en personne.


## 134. *Le médecin malgré lui.*

Il y avait une pauvre femme qui avait la mauvaise fortune d'être battue tous les jours par son mari. Un jour
qu'elle était à son ouvrage, il arriva chez lui des gens du
roi, qui étaient à la recherche d'un médecin pour la princesse, sa fille, laquelle avait une arête dans le gosier. La
malicieuse femme leur dit tout bas :

« Mon mari est un médecin excellent; mais malheureusement il ne veut rien faire tant qu'il n'a pas été battu. »

Ils allèrent donc le trouver et lui demandèrent son
secours. Il refusa d'abord. Mais, quand il se vit roué de
coups, bon gré mal gré, il lui fallut bien se reconnaître
médecin et se mettre en route. Arrivé devant le roi, il
essaya encore de se récuser : on le battit de nouveau.
Alors il se dit :

« Il faut décidément que je fasse quelque chose. »

Il ordonna aussitôt d'allumer un grand feu dans la cour
et d'y amener la princesse. Puis, quand elle fut là, il se mit
à se dépouiller de ses vêtements et à se frotter le corps
auprès des flammes, par devant, par derrière, dans tous
les sens. À cette vue, la jeune fille, oubliant son mal, éclata
de rire bruyamment, et si fort, que l'arête sortit d'elle-
même de son gosier. Le faux docteur s'en saisit et la porta
au père.

La nouvelle de cette cure merveilleuse se répandit, et un
nombre infini de malades se rendit à la cour pour demander la santé. Notre homme, effrayé, protesta une troisième
fois qu'il ne savait rien de rien : vite on eut recours aux
coups, et une troisième fois il se résigna. Mais, lorsqu'il

eut fait allumer un grand feu, comme précédemment, et
amener tous les malades, il leur déclara ceci :

« Le plus mal portant d'entre vous va entrer dans les
flammes; je donnerai un peu de sa cendre aux autres, et ils
seront tous radicalement guéris. »

Aussitôt malades et infirmes de prendre leurs jambes à
leur cou, abandonnant, qui leurs bâtons, qui leurs béquil-
les, et criant bien haut qu'ils se portaient parfaitement.

Le prétendu médecin revint ensuite trouver sa femme et
lui dit : « Vraiment, je ne connaissais pas la vertu des
coups. À présent, je le sais; aussi je ne t'en donnerai plus. »

135. *Traits variés contre l'humeur querelleuse des ména-
gères.*

Une femme querelleuse avait la manie de chercher noise
à son mari, qui était un bon et brave homme. Lui, toutes
les fois qu'elle commençait, tournait le dos, comme devant
un chien qui aboie, et ne répondait rien. Un de ses amis
lui demanda pourquoi il gardait ainsi le silence.

« Je ne sais pas me disputer, répondit-il.

— Si vous voulez qu'elle se taise, reprit l'autre, je
connais un moyen : cherchez une autre femme aussi
criarde, louez-la à prix d'argent, et faites-la disputer pour
vous. »

Et il lui en indiqua une très experte en ce métier.

Notre homme alla trouver cette femme et lui proposa
un bon prix pour soutenir la lutte à sa place, ajoutant
qu'il avait entendu dire qu'elle savait fort bien s'en tirer.
Mais celle-ci, saisie d'une vertueuse indignation, se mit à
le quereller lui-même et à lui faire de vifs reproches.

« Vous pouvez vous adresser à une autre, lui dit-elle :
quant à moi, je ne suis pas une de ces méchantes créatures-
là.

— Loué soit Dieu! reprit-il; j'ai trouvé ce que je cher-
chais. »

Et plus il insistait, plus elle se récusait, en vomissant
contre lui des injures. Excédé, il lui dit à la fin :

« Je n'en chercherai certainement pas d'autre, car
jamais je n'en trouverai une qui vous vaille, ni qui ait à la
fois plus de talent et plus de bonne volonté. »

Un autre soutenait, un jour, l'assaut contre une honnête femme et ne pouvait venir à bout de la désarmer. Quand elle eut longuement égrené son chapelet en présence des voisins, il s'écria :

« Si vous ne vous taisez, je vais dire devant tout le monde une chose qu'on n'a jamais dite de vous.

— Laquelle? fit cette enragée. Ah! vous n'avez rien à dire! Vous mentiez, je le savais.

— Eh bien! voici : Ô madame l'honnête femme! parlez tout à votre aise. »

Ce mot la confondit; elle se retira, mais en tournant ses imprécations contre une autre.

Une mégère de la même force avait pris à partie une de ses voisines et la poursuivait implacablement. Celle-ci étendit devant elle son manteau, comme elle l'avait entendu recommander en chaire, et dit simplement :

« Madame, vos outrages et vos contradictions me sont on ne plus utiles; ils sont pour moi aussi précieux que l'or et les pierreries, car ils servent à payer les dettes de conscience qui m'accablent et à me tresser une couronne éternelle. Jetez-en donc une ample provision dans ce manteau; je ne saurais assez vous remercier. Le Seigneur n'a-t-il pas dit : "Vous serez bien heureux quand on vous maudira?" »

Un pauvre mari était possesseur d'une épouse très acariâtre, qui, lorsqu'elle était en colère, le traitait de « pouilleux ». Un jour, il finit par perdre patience. Voyant que ni les représentations ni les corrections ne pouvaient la changer, mais qu'elle l'humiliait constamment devant ses voisins, il la poussa dans le lit d'une petite rivière, qui coulait près de là, et chercha à l'étouffer en la foulant sous ses pieds. Mais à ce moment même, comme elle ne pouvait plus parler, elle élevait encore les mains en faisant le geste d'écraser de la vermine entre ses doigts.

Une autre disputeuse émérite, qui ne pouvait laisser son mari prononcer un seul mot sans le contredire, traversait avec lui un pré.

« Tiens! dit-il, ce pré est déjà fauché.

— Pas du tout! fit-elle. Il est tondu.

— Il est fauché, te dis-je.

— Jamais de la vie! il est tondu. »

Et, de fil en aiguille, ils en vinrent aux coups.

Le mari, pour la faire taire, fut obligé de lui couper la langue. Alors, ne pouvant plus souffler mot, elle imitait avec ses doigts les ciseaux avec lesquels on a l'habitude de tondre l'herbe.

Une autre, toutes les fois que son mari invitait chez lui quelques amis, profitait de la circonstance pour l'invectiver, le tourner en ridicule, et ses hôtes avec lui. Un jour qu'il avait prié ses voisins à dîner, il fit mettre la table dans le jardin, sur le bord d'une rivière qui lui servait de clôture. Comme cette femme avait pour principe de faire exactement le contraire de ce qu'on lui demandait, l'homme s'assit à table du côté opposé à la rivière et l'engagea à en faire autant. Alors elle prit sa chaise et alla s'asseoir tout près du bord.

« Approchez-vous un peu, au moins, dit le mari. »

Elle se recula davantage; et, comme on la priait de nouveau de s'approcher, elle finit par aller tomber dans la rivière. Le fil de l'eau l'entraînant en aval, son mari fit mine d'aller la chercher en amont.

« Allez donc plus bas! lui crièrent ses amis.

— Eh! ne savez-vous pas, répliqua-t-il, qu'elle fait toujours le contraire de ce qu'elle doit faire? »

## 136. *Un moine improvisé.*

Un homme du peuple s'enivrait tellement, qu'il lui arrivait souvent de perdre toute connaissance et toute sensibilité. Sa femme le prit en grippe pour ce motif, et, un beau jour, elle le fit boire outre mesure, de façon qu'il tomba inerte. Alors elle fit venir des moines du couvent voisin, et leur persuada que son mari était gravement malade.

« Il est sur le point de rendre l'âme, leur dit-elle, et, comme le pauvre homme, quand il avait toute sa lucidité, a demandé instamment à mourir sous l'habit religieux, je vous en prie, mes frères, passez-lui la robe. »

Pour les décider, elle leur offrit de l'argent. Puis elle les aida à le revêtir et à lui tondre les cheveux, et, quand il fut ainsi transformé, ils le portèrent dans leurs bras jusqu'à l'abbaye.

Le lendemain matin, les fumées du vin étaient dissipées. Notre homme se réveilla et se trouva très sot; mais il eut si grand'honte, qu'il ne dit rien et préféra rester moine. Il lui fallut renoncer à sa femme, à sa maison, à son bien, et, qui pis est, à la boisson.

## 137. *La science des magiciennes.*

Une enchanteresse, c'est-à-dire une magicienne, se trouvait un jour au sermon, et l'orateur, qui était borgne, prêchait précisément contre les femmes de son espèce. Se levant soudain, elle s'écria :

« Vous avez bien raison de tonner contre cette engeance; car, bien sûr, si votre œil avait été ensorcelé, vous ne l'auriez pas perdu! »

Une autre fois, certain évêque, réprimandant du haut de la chaire les femmes qui pratiquaient des sortilèges, se mit à citer par dérision une prétendue formule cabalistique :

« Blanche brebis, noire brebis,
Autant m'es si tu meurs tout comme si tu vis. »

« Et celle-là, dit-il en se moquant, vaut autant que toutes les autres. »

Or, il y avait dans l'auditoire une vieille bonne femme qui, dans sa simplicité, crut à la puissance de cette phrase singulière. Elle voulut s'en servir pour exercer la magie et se mit à donner des consultations. On l'appelait de tous les côtés. Le prélat, ayant fini par l'apprendre, la fit citer à son tribunal, et lui reprocha d'être une hérétique, de corrompre la foi des populations.

« Qui vous a enseigné ce métier-là, lui demanda-t-il?

— Ma foi, répondit-elle, je ne sais pas d'autre formule d'enchantement que celle que vous nous avez apprise en chaire. »

L'évêque s'émerveilla et prit le parti de raconter ce trait dans ses sermons, afin de mieux confondre la bêtise des sorcières.

138. *Le pouvoir des « bonnes choses »*.

L'aveuglement de certaines femmes crédules va jusqu'à se figurer et à soutenir qu'au milieu de la nuit elles se promènent avec Diane, avec Hérodiade et d'autres personnages de cette espèce, qu'elles nomment les *bonnes choses*. Elles montent, disent-elles, sur des animaux fantastiques et parcourent ainsi d'immenses espaces. À certaines nuits, elles sont convoquées pour le service des déesses. Aussi ai-je entendu parler d'une vieille femme qui, voulant se faire bien voir de son curé, lui dit, dans l'église même :

« Vous me devez, messire, une grande reconnaissance; car, la nuit dernière, comme j'errais avec les *bonnes choses*, nous sommes entrés, vers minuit, dans votre maison, et voyant, à la lueur de nos torches, que vous dormiez tout découvert, j'ai bien vite caché votre nudité. Autrement, mes compagnes vous auraient flagellé jusqu'à ce que mort s'ensuivît. »

Le prêtre, alors, lui demanda comment elle avait pu pénétrer dans sa demeure et dans sa chambre, quand toutes les portes étaient solidement fermées à clef.

« Oh! cela ne m'embarrasse pas, dit-elle; nous entrons partout les portes closes.

— Puisqu'il en est ainsi, reprit-il, passez donc à travers cette grille. »

Et, ce disant, il l'enferma dans le chœur et se mit à la battre avec le bâton de sa croix. Comme elle ne pouvait venir à bout de s'échapper, il finit par la délivrer et lui dit :

« Vous voyez bien, maintenant, que vous êtes folle et que vous ajoutez foi à de vains songes. »


139. *Du rôle des ceintures dans la diagnostique.*

Il est un genre particulier de divination qui se fait par le moyen de certains objets extérieurs et de conjectures basées sur leur forme ou leur apparence. Ainsi, l'on voit de vieilles sorcières se faire apporter l'habit ou la ceinture des malades, et tâcher de deviner, d'après les indices qu'elles croient y trouver, l'état ou la condition du propriétaire.

Or, il y avait une fois un curé de campagne qui repro-

chait à ses ouailles de fréquenter une de ces maudites vieilles, mais qui, malgré toutes ses exhortations, ne pouvait
les faire renoncer à cette déplorable habitude. Qu'imagi-
na-t-il? Il fit le malade, et les pria d'aller porter sa propre
ceinture à la sorcière, en lui demandant de quel mal
souffrait la personne à qui elle appartenait. Il leur recommanda surtout de ne révéler ni son nom ni sa qualité.

Quelques paroissiens se chargèrent de la commission.
La bonne femme prit la ceinture, examina avec attention
sa longueur, sa largeur, les crans où on l'attachait d'habitude, et se mit à réfléchir. Il faut dire que le curé était gros
et gras. Au bout d'un instant, la magicienne prononça son
jugement d'un air profond :

« Cette ceinture, dit-elle, est celle d'une femme enceinte,
et son mal n'est autre chose que le mal d'enfant! »

Les messagers du curé se retirèrent tout penauds, et il
n'eut pas de peine ensuite à leur démontrer l'absurdité de
leur superstition.

## 140. *Les conseils d'une sorcière ont parfois du bon.*

Un paysan paresseux et indolent vint, un jour, trouver
une vieille femme qui se faisait passer pour une devine-
resse, et lui demanda le moyen de ramener l'abondance
dans sa maison, car il était réduit à une misère extrême.
La prétendue sorcière, après l'avoir considéré un moment,
reconnut d'où venait son infortune. Elle lui dit de se lever
le matin de bonne heure et d'écouter le premier mot que
lui diraient, à leur réveil, les hirondelles et les corneilles,
puis d'aller faire la même observation le soir, au moment
de leur coucher, et de revenir ensuite la trouver. Il obéit et
revint en racontant qu'il avait bien entendu la voix des
oiseaux, mais qu'il ne savait pas ce qu'ils avaient voulu
dire et qu'il ne comprenait rien à tout leur bavardage.

« Vous auriez dû prêter plus d'attention, lui dit la vieille.
Vous auriez entendu qu'ils vous disaient : Couche-toi tard,
lève-toi tôt; cherche ta vie, et tu auras ton sac plein de blé.
S'ils ne vous ont pas dit cela en propres termes, ils vous
l'ont dit en fait et par leur exemple, car ces oiseaux-là se
réveillent de grand matin et peinent toute la journée pour
trouver leur nourriture. Allez, et faites-en autant. »

CHAPITRE VII

# LES ÉCOLES

*Au XIIᵉ siècle, les écoles urbaines ont acquis une grande renommée. L'Université prend leur relais au siècle suivant. Paris est devenu, dit Barthélemy l'Anglais, « la nourrice des philosophes et de toutes les sciences ». Mais l'orgueil et l'ambition règnent toujours chez les savants... Et les humbles et les enfants sont dépositaires d'un savoir que les universités sont parfois loin d'atteindre...*

## 141. *Une leçon d'Alain de Lille.*

Alain de Lille, le Docteur universel, étant alors très pauvre, avait été invité à dîner par un de ses anciens disciples, qui était évêque. Celui-ci, voyant sa détresse, lui dit :

« Maître, je suis véritablement étonné de voir qu'un si grand nombre de vos écoliers sont devenus de hauts personnages, abbés, évêques, archevêques, tandis que vous êtes resté dans la pauvreté. »

Alain, qui pensait autrement, car il avait le jugement droit, lui répondit :

« Vous ne savez pas ce que c'est que la vraie dignité, la vraie grandeur, la vraie gloire. La chose principale n'est pas d'être évêque, mais d'être bon clerc, et je le prouve ainsi. En obtenant les votes de trois chanoines ribauds investis par délégation du droit d'élire, on sera fait évêque. Mais, quand tous les saints qui sont au paradis et tous les hommes qui sont sur la terre crieraient d'une seule voix : "Martin est un bon clerc", si Dieu se taisait, l'unanimité de leurs suffrages ne ferait pas de Martin un bon clerc, tant qu'il resterait un sot animal. »

## 142. *Où mènent les subtilités de la logique.*

Il arriva une fois, à Paris, qu'un docteur célèbre, nommé Sella, ayant perdu un de ses disciples, le vit apparaître, peu de temps après, couvert d'un grand manteau de parchemin, sur lequel étaient inscrites en petits caractères une multitude de sentences. Il lui demanda ce que c'était que ce manteau et ce que voulaient dire toutes ces devises. Le disciple répondit :

« Chacune de ces petites lettres que vous voyez pèse autant sur mes épaules que si je portais la tour de cette église. »

Et il montrait la tour de Saint-Germain-des-Prés, car c'est dans le préau de cette église qu'il lui était apparu.

« Ces sentences, ajouta-t-il, sont tous les sophismes et toutes les vaines subtilités au milieu desquelles j'ai consumé mes jours. Il me serait impossible de vous exprimer l'ardeur de la souffrance que j'endure sous ce manteau ; mais une seule goutte de la sueur qui coule sur mon front vous le fera comprendre. »

Pour recueillir cette goutte, Sella étendit la main ; mais aussitôt il la sentit percée de part en part comme par une flèche aiguë. À la suite de cet événement, il prit le parti d'abandonner les écoles de philosophie pour entrer dans l'ordre de Cîteaux, en laissant à ses amis le distique suivant :

« Je laisse coasser les grenouilles, je laisse croasser les corbeaux,
Je laisse toutes les vanités aux vains
Et je m'en vais étudier la seule logique
Qui ne craigne pas la terrible argumentation de la mort. »

Jusqu'à la fin de ses jours, sa main resta perforée. Au temps de la jeunesse du narrateur, lorsqu'il fréquentait les écoles de Paris, l'ancien professeur vivait encore et montrait à qui voulait le trou fait dans sa chair par une goutte de sueur.

**143.** *À quoi les professeurs de Paris doivent leur science.*

Il y avait à Paris deux maîtres renommés, dont le premier s'était livré à des études approfondies et possédait une bibliothèque considérable. Il pâlissait jour et nuit sur ses livres, et trouvait à peine le temps de dire un *Pater noster*. Celui-là n'avait guère que quatre auditeurs. Le second, au contraire, ne s'était pas préparé par d'aussi longs travaux, n'avait point de librairie et semblait n'étudier que pour la forme; mais, chaque jour il entendait la messe avant de faire son cours. Celui-ci avait une salle comble. Son confrère, ne pouvant s'expliquer la singulière différence de ces résultats, lui en demanda la cause :

« C'est bien simple, répondit-il; Dieu étudie pour moi. Je m'en vais à la messe tous les matins, et, quand j'en reviens, je sais par cœur tout ce que j'ai à dire dans ma leçon. »

Un autre fameux professeur (c'était maître Simon de Tournai) s'entendit une fois dire par un de ses disciples :

« Maître, vous devez bien remercier Dieu, qui vous a donné un si grand savoir.

— Je dois surtout, répondit-il, remercier ma lampe et mes yeux, car c'est par leur secours que j'ai appris tout ce que je sais. »

Quelques jours après, il se rendit à son école et monta dans sa chaire pour faire sa leçon comme à l'ordinaire. Mais il se trouva qu'il avait perdu toute sa science, à tel point que, devant le livre qu'il savait par cœur la veille, il demeura aussi stupide qu'un berger n'ayant jamais appris ses lettres.

**144.** *Un prieur savoyard dépossédé pendant son séjour aux écoles de Paris.*

En l'an du Seigneur 1249, il arriva, dans le comté de Savoie, que le secrétaire du comte, appelé Jacques Bonivard, remarquant sur le penchant d'une montagne un riche prieuré, situé près de la ville de Chambéry, une des plus nobles cités de ce pays, eut envie de le posséder. Ce prieuré était gouverné par un religieux plein de mérite, qui, avec quelques autres chanoines réguliers, servait Dieu dévotement et d'une manière très assidue. Bonivard se mit à chercher le moyen d'expulser ce prieur et ses compagnons, afin de prendre leur place. Il était l'avocat et le conseiller de son maître, qui avait pris parti pour l'empereur Frédéric contre le pape et l'Église; la chose lui sembla donc facile.

Le prieur en question venait de s'absenter pour se rendre à Paris, dans le but de fréquenter les écoles, et lui avait justement confié la garde du couvent, moyennant un cens annuel, pour le temps qu'il devait passer à l'Université. Bonivard en profita pour ourdir ses intrigues : il se rendit à Lyon, où se tenait alors la cour pontificale, se fit admettre auprès du pape, lui promit de ramener le comte de Savoie à son obéissance et de lui faire abandonner la cause de Frédéric; tant et si bien, qu'il obtint en récompense l'investiture du prieuré qu'il convoitait.

Le prieur, qui était encore aux écoles, fut dépossédé ainsi que ses chanoines, et l'intrus arriva, avec un nombreux cortège d'amis, pour s'installer dans sa nouvelle résidence. Il donna, à cette occasion, une grande fête. Mais, la nuit même, Dieu écouta les prières et les gémissements des victimes de l'iniquité. Avant qu'il fût minuit, une montagne énorme, qui n'avait pas moins d'une lieue en longueur et en largeur, se déplaça d'elle-même, tomba sur le prieuré, et ensevelit ou écrasa environ seize villages, avec toutes les maisons d'alentour et tous leurs habitants.

Bonivard disparut dans cette catastrophe soudaine, avec ses clercs, ses serviteurs et le prieuré lui-même. Il n'eut pas le temps de jouir de son injuste conquête.

### 145. *Savant par amour.*

Il y avait naguère à Paris un pauvre étudiant qui, après avoir vu une grande dame de la capitale, s'était épris d'elle. Or, vous savez bien que, lorsqu'une personne de l'un ou de l'autre sexe veut placer raisonnablement son amour, il faut que ce soit en quelqu'un du même rang et de la même classe sociale. En effet, si une reine ou une comtesse donnait son cœur à un cuisinier, à un bouvier, ou bien une bourgeoise à son valet, à son palefrenier, ce serait grand'honte et grande humiliation. Il n'y a qu'un seul cas où le monde ne puisse blâmer une disproportion de cette nature : c'est quand un homme ou une femme a placé ses affections si haut, qu'elles sont au-dessus de toute atteinte, c'est-à-dire en Dieu.

Ce pauvre étudiant vint donc trouver l'objet de ses pensées, et lui dit :

« Ah! madame, je vous aime d'un tel amour, que je ne puis plus ni dormir, ni travailler. Donnez-moi, s'il vous plaît, quelque espérance, je vous en supplie très humblement. »

La dame, qui était sage et avisée, lui répondit d'une façon courtoise :

« Messire, vous êtes, à ce qu'il me semble, un étudiant sans fortune; vous n'êtes point mon égal. Je suis de haut partage, et vous de basse extraction. Donc, de toute façon, je ne pourrais condescendre jusqu'à vous. Mais je vais vous indiquer ce que vous pouvez faire. Espérez dans l'avenir, et étudiez assez pour conquérir le grade de maître; alors vous aurez un rang plus honorable, et je verrai ce que j'aurai à faire. »

À ces mots, le jeune homme ne se sentit pas de joie :

« Ah! madame, s'écria-t-il, qu'à cela ne tienne! J'en ferais bien davantage pour avoir le bonheur de vous plaire. »

Il s'en alla, et se mit virilement au travail. Au bout de quatre ou cinq ans, il avait son diplôme de maître. Il revint alors trouver la grande dame et lui demanda de tenir sa promesse.

« Ah! vous êtes maître? dit-elle. Et dans quelle science?

— Madame, je suis maître ès arts.

— Heu! tous les maîtres ès arts passent pour de petits esprits. Il faudrait devenir encore plus savant. Tenez, allez apprendre la médecine, et faites en sorte d'être reçu maître médecin; cela vous procurera l'occasion de venir à la maison. »

Il obéit, et se mit à suivre les cours de médecine. Puis il se présenta de nouveau, le cœur plein d'espoir.

« Me voilà, madame; je suis médecin à présent.

— Vous êtes médecin? répondit-elle; c'est très bien. Mais monseigneur se porte parfaitement; dans ma famille,

personne de malade; moi-même je vais on ne peut mieux :
il n'y a aucun prétexte pour vous introduire chez moi en
ce moment. Puisque vous avez tant fait, retournez donc
apprendre le droit, pour patienter; revenez quand vous
aurez le diplôme de maître en lois ou de maître en décrets;
nous nous arrangerons pour avoir à plaider toute la journée, et alors nous nous verrons à notre aise. »

L'infortuné se résigna, et revint une troisième fois quand
il fut avocat. Mais elle trouva que cela n'était pas encore
suffisant.

« J'ai entendu dire, objecta-t-elle, que les gens de loi
sont tous des chicaneurs; vos collègues ne manqueraient
pas de m'accuser et de me condamner si je vous recevais.
Cependant il y a peut-être un moyen de nous tirer d'affaire. Étudiez donc un peu la théologie; vous deviendrez
vite très fort dans cette science, et, comme ceux qui la
cultivent passent pour d'honnêtes gens, au-dessus de tous
les soupçons, vous pourrez venir tant qu'il vous plaira
sans le moindre inconvénient. »

Cette fois, il partit navré. Pourtant il eut le courage de
se faire théologien; puis il risqua une dernière tentative.

« Madame, dit-il, vous ne pouvez plus maintenant m'imposer de nouvelle tâche; je suis au bout; j'ai tout appris. Il
n'y a donc plus moyen de différer votre promesse.

— Certes, répondit-elle, je n'en ai pas l'intention. Faites-
moi seulement un dernier plaisir : allez feuilleter vos livres
de théologie, puisque vous voilà passé maître en cette
admirable science, et trouvez-moi un passage que puisse
m'autoriser à me donner à vous; je ne vous en demande
pas davantage. Vous reviendrez me le montrer, et à mon
tour je vous obéirai. »

Il rentra chez lui, et se mit à parcourir fiévreusement
tous ses livres. Il tournait les feuillets, les retournait, cherchait plus haut, plus bas; et plus il interrogeait les pages et
pressurait les textes, moins il y trouvait de quoi justifier sa
requête.

À la fin, il y renonça et vint en informer la belle
Parisienne :

« Ma foi, madame, lui dit-il, je ne suis pas assez bon
clerc pour vous satisfaire; j'y renonce, et je vous débar-
rasse de ma personne. »

146. *Un nouveau Xanthus.*

Un roi avait sur ses terres un personnage très riche, et renommé en même temps pour sa rare sagesse. Ne trouvant pas l'occasion de lui extorquer de l'argent, il le fit venir un jour et lui posa trois questions, après avoir convenu avec lui que, s'il n'en trouvait pas la solution, il lui payerait une forte amende.

Ces questions paraissaient complètement insolubles. La première était : Quel est le centre ou le milieu de la terre ? La seconde : Combien y a-t-il de muids d'eau dans la mer ? La troisième : Quelle est la grandeur de la miséricorde divine ?

Au jour fixé, l'homme sage, qui avait été enfermé pour ne pas échapper au dilemme, fut extrait de sa prison et amené devant toute la cour. Suivant le conseil de certain philosophe, surnommé le *Secours des malheureux*, il prit un bâton, le ficha en terre, et dit :

« Voici le centre et le milieu de la terre. Prouvez-moi le contraire si vous pouvez.

« Maintenant, si vous voulez que je mesure la quantité d'eau qui se trouve dans la mer, commencez par arrêter les fleuves et tous les cours d'eau qui se jettent dedans ; empêchez-les d'y entrer jusqu'à ce que j'aie terminé, et je vous donnerai au juste le nombre de muids que la mer contient.

« Quant à la troisième question, je la résoudrai si le roi me prête ses vêtements et son trône pour prononcer mon jugement. »

On voulut bien se conformer à son désir et, quand il fut assis sur un trône élevé, dans tout l'appareil de la majesté royale, il s'exprima ainsi :

« Oyez tous, et voyez l'immensité de la miséricorde divine. J'étais tout à l'heure un humble sujet : me voilà subitement devenu un roi. J'étais en bas : me voici au faîte. J'étais en prison : me voici mon maître et le vôtre. »

Et il continua sur ce ton. Sa cause était gagnée.

### 147. *Procédé magique pour ne pas retrouver les objets perdus.*

À l'époque où j'étudiais à Paris (dit Étienne de Bourbon), la veille de Noël, pendant que les écoliers étaient aux vêpres, un voleur fameux s'introduisit dans l'hôtel où j'habitais avec plusieurs de mes compagnons. Il ouvrit la chambre d'un de ces derniers et mit la main sur un certain nombre de livres de droit, qu'il emporta.

Les fêtes passées, l'étudiant voulut se remettre au travail; il ne trouva plus ses livres. Afin de savoir ce qu'ils étaient devenus, il eut l'idée de recourir aux magiciens. Les premiers qu'il consulta l'induisirent en erreur; mais enfin il en rencontra un plus fort que les autres, qui employa le procédé suivant : après avoir adjuré les démons, il prit une épée et dit au jeune homme de regarder attentivement la lame, jusqu'à ce qu'il y découvrît quelque chose. Celui-ci obéit, et, après avoir vu passer des images confuses, crut distinguer la figure d'un de ses camarades, qui était même son cousin et qui passait pour le plus honnête de notre société. Sur conseil du magicien, il le dénonça comme l'auteur du larcin, et par cette accusation déshonorante le perdit de réputation auprès de ses amis, auprès de tous les écoliers.

Sur ces entrefaites, le voleur, qui avait commis d'autres crimes, fut arrêté. Etant parvenu à s'échapper, il courut se réfugier dans une église et se tint blotti dans le clocher. Là, comme on ne pouvait violer l'asile, on pressa le coupable de questions, si bien qu'il se décida à révéler tout ce qu'il avait pris et l'usage qu'il en avait fait. Quelques-uns de nos compagnons retrouvèrent ainsi un manteau qui avait disparu.

Alors ils vinrent avertir celui qui avait perdu ses livres et le pressèrent d'aller les redemander à ce malfaiteur. Mais ils eurent toutes les peines du monde à le décider, tant il croyait à l'infaillibilité de son magicien. Enfin il se mit en marche, et, dès qu'il fut parvenu auprès du voleur, celui-ci lui raconta où et quand il lui avait dérobé les volumes, et lui indiqua même la maison du juif où il les avait engagés. En effet, il retrouva le tout chez cet usurier.

On peut juger par là de l'inanité de ces opérations de magie qui se font par le moyen de l'épée.

**148.** *L'enseignement appuyé par l'expérience.*

Un écolier demandait une fois à son maître comment le premier homme avait pu être assez naïf pour manger du fruit défendu, alors qu'il y en avait de beaucoup meilleurs dans le paradis. Le maître lui répondit sentencieusement par ce vers :

*Nitimur in vetitum semper cupimusque negatum* (Nous convoitons toujours ce qui est interdit, et nous désirons ce qui nous est refusé).

Mais cette réponse satisfit d'autant moins l'enfant, qu'il ne la comprenait guère.

« Pour moi, s'écria-t-il, je sais bien qu'à la place d'Adam je n'aurais pas fait comme lui. »

Alors le maître le quitta pour rentrer dans sa chambre. Il prit un petit oiseau qu'il élevait, et l'enferma entre deux grands plats. Puis il appela son élève, lui montra des livres, des flacons de liqueurs délicieuses, et lui dit :

« Je m'en vais à la messe ; pendant ce temps, je réfléchirai à votre question, et, si je trouve une meilleure réponse, je vous la donnerai à mon retour. Amusez-vous jusque-là. Voici mes livres ; voici de bonnes choses à boire et à manger. Vous pouvez disposer de tout. Je vous défends seulement de toucher à ces deux plats, car j'ai quelque chose de caché dedans. »

Là-dessus, il s'en alla.

L'écolier commença par feuilleter les livres. Mais, tout en lisant, il se demandait pourquoi son professeur lui avait fait cette singulière défense. « Que cache-t-il donc là-dessous ? Ayons-en le cœur net, se dit-il. » Et, brusquement, il soulève un des deux plats. L'oiseau s'envola naturellement, et alors il comprit tout le sens du vers qui lui avait paru obscur.

Quand le maître rentra, l'enfant le prévint par ces mots : « Je n'ai plus besoin de solution à ma question ; en étudiant, j'ai trouvé la bonne. »

**149.** *Hérétiques confondus par un enfant.*

Au pays des Albigeois, dans le diocèse d'Agen, un petit enfant, issu de parents très nobles, était resté orphelin. On le donna à élever à des religieux de l'ordre de Cîteaux, dont l'abbaye se trouvait près de là, car l'on craignait que les hérétiques ne vinssent corrompre son esprit. En effet, quand il fut un peu plus grand et qu'il eut acquis certaines connaissances, quelques-uns d'entre eux, espérant le pervertir, se glissèrent dans l'abbaye sous un costume d'emprunt, et se mirent à l'entretenir de leurs doctrines, en s'efforçant de le détourner de la vraie foi. L'enfant, par une inspiration du ciel, répondit à tous les arguments avec une raison supérieure à son âge. À la fin, décontenancés, ils lui lancèrent ce dernier trait :

« Au moins devez-vous reconnaître que vous faites preuve de folie, vous et vos pareils, quand vous adorez la croix sur laquelle votre Dieu a souffert la mort. Vous n'êtes pas un bon fils, puisque vous vénérez précisément l'instrument du supplice de votre père. »

L'enfant, éclairé sans doute par une lumière intérieure, leur fit aussitôt ce petit discours en deux points :

« J'adore la croix pour une double raison : premièrement, parce que je vois monseigneur l'abbé et tous les moines, et tous les évêques qui viennent ici, et tous les savants du dehors, en faire autant : deuxièmement, parce qu'il n'est pas au monde un morceau de bois ni un objet quelconque que je n'adorasse avec ferveur, s'il m'avait causé autant de bien et s'il m'avait procuré un héritage aussi beau que le royaume des cieux. »

En l'entendant parler ainsi, les hérétiques demeurèrent stupéfaits et virent bien qu'ils n'avaient plus qu'à se retirer.

150. *Le psautier donné en récompense dans une école de village.*

Une jeune paysanne conjurait son père de lui acheter un psautier pour apprendre à lire.

« Mais comment, répondait-il, pourrais-je t'acheter un psautier, puisque je peux à peine gagner chaque jour de quoi t'acheter du pain ? »

L'enfant se désolait, lorsqu'elle vit la sainte Vierge lui apparaître en songe, tenant dans ses mains deux psautiers. Encouragée par cette vision, elle insista de nouveau.

« Mon enfant, lui dit alors son père, va trouver chaque dimanche, la maîtresse d'école de la paroisse ; prie-la de te donner quelques leçons, et efforce-toi par ton zèle de mériter l'un des psautiers que tu as vus entre les mains de la Vierge. »

La petite fille obéit, et les compagnes qu'elle trouva à l'école, voyant son zèle, se cotisèrent pour lui procurer le livre qu'elle avait tant convoité.

# NOTES DES RÉCITS

Albert Lecoy de la Marche fournissait en bas de page de sa traduction des notes indiquant la provenance du récit traduit, ou bien donnant des renseignements utiles à la compréhension du récit (identifications de personnes et de lieux le plus souvent). Ces deux formes de notes ont été groupées par numéro de récit. Afin d'actualiser ces notes, tout en respectant le travail de Lecoy, des informations complémentaires ont été portées entre crochets carrés : édition moderne des récits; renvoi au catalogue d'*exempla* de Frederic C. Tubach; notices sur les auteurs des récits; bibliographie essentielle. Toutefois, pour ne pas multiplier ces crochets carrés, a été ajouté « Paris » devant « Bibl. nat. » ou devant les ouvrages édités à Paris; la mention « Ms. 454 de Tours » a été remplacée par l'actuelle cote du manuscrit : « Ms. 468 de la Bibl. mun. de Tours »; de même, l'abréviation V. a été développée en « Voir »; enfin, quelques titres d'ouvrages ou de revues cités en abrégé par Lecoy ont été développés, les indications de tomaison et les dates de parution ajoutées. Sans toucher au texte de Lecoy, c'est l'usage actuel des majuscules et de la ponctuation qui a été suivi.

Je remercie tout particulièrement Nicole Bériou (Université de Paris IV-Sorbonne) qui a relu ces notes, les a complétées, et m'a communiqué des renseignements le plus souvent inédits sur les *exempla* tirés de Pierre de Limoges et de Robert de Sorbon.

Jacques Berlioz

Abréviations utilisées :

Berlioz : Berlioz (Jacques), *Saints et damnés. La Bourgogne du Moyen Âge dans les récits d'Étienne de Bourbon, inquisiteur (1190-1261)*, Dijon : Les Éditions du Bien Public, 1989.

Bibl. mun. : Bibliothèque municipale.

Bibl. nat. : Bibliothèque nationale.

Crane : Crane (T. F.), éd., *The* Exempla *or illustrative stories from the* Sermones vulgares *of Jacques de Vitry*, Londres, 1890.

lat. : latin.

Lecoy : Lecoy de la Marche (Albert), *Anecdotes historiques, légendes et apologues, tirés du recueil inédit d'Étienne de Bourbon, dominicain du XIIIᵉ siècle*, Paris, 1877.

ms. : manuscrit.

Tubach : Tubach (Frederic C.), *Index exemplorum. A Handbook of medieval religious tales*, Helsinki : Akademia scientiarum fennica, 1969 (Folklore Fellows Communications, 204).

1. Étienne de Bourbon, Paris, Bibl. nat., ms. lat. 15970, fᵒ 352 vᵒ [Lecoy 278; Tubach 3420]. Ce joli trait a été successivement attribué à différents prélats, et de nos jours on l'a réédité à propos de Mgr Dupanloup [1802-1878]. Jacques de Vitry et saint Bonaventure sont d'accord avec Étienne de Bourbon pour en faire honneur à leur contemporain Maurice de Sully. (Voir *ibid.*, Paris, Bibl. nat., ms. lat. 15034, fᵒ 103). [Maurice de Sully (1120-1196), évêque de Paris en 1160.] Mort en 1196. C'est lui qui commença la construction de la cathédrale de Paris. [Sur Étienne de Bourbon : J. Berlioz, « Le *Tractatus de diversis materiis predicabilibus* d'Étienne de Bourbon. Troisième partie : *de dono scientie*, étude et édition », dans *Positions des thèses...*, Paris : École nationale des chartes, 1977, p. 25-33; J. Berlioz, « Étienne de Bourbon, l'inquisiteur exemplaire », dans *L'Histoire*, nᵒ 125, septembre 1989, p. 24-30; le recueil d'Étienne de Bourbon est en cours d'édition dans le *Corpus christianorum, Continuatio medievalis*, Turnhout : Brepols, sous la direction de J. Berlioz.]

2. Étienne de Bourbon, ms. cité, f° 148 [Lecoy 15; Tubach 3827]. Robert de Sorbon; Paris, Bibl. nat., lat. 15 971, f° 168 v°. [Robert de Sorbon est né en 1201. Célèbre maître de théologie tenant école à Paris, il fonde en 1257 le collège qui devait porter son nom (la Sorbonne); chanoine à Paris en 1258, il est un proche de saint Louis. Il meurt en 1274. Le sermon d'où est tiré ce récit a été pris en note par Pierre de Limoges (voir ci-dessous, n° 9); voir Nicole Bériou, art. « Robert de Sorbon », dans *Dictionnaire de spiritualité*, Paris, 13, 1988, col. 816-824.] [Foulques (ou Folquet) de Marseille était le fils d'un riche marchand gênois établi à Marseille. Excellent poète, troubadour, il entra vers 1196 dans l'ordre de Cîteaux, à l'abbaye de Granselve, et devint en 1201 abbé du Thoronet. Appelé évêque de Toulouse en 1025, il prit possession de son évêché en 1206 (P. Cabau, « Foulque, marchand et troubadour de Marseille, moine et abbé du Thoronet, évêque de Toulouse (vers 1155/60-25 décembre 1231) », dans *Les cisterciens de Languedoc (XIII^e-XV^e siècles)*, Toulouse : Privat, 1986 (Cahiers de Fanjeaux, 21), p. 151-179.] Mort en 1231. [Dans son prologue, Étienne de Bourbon se réfère à la *Somme des vices et des vertus* (entre 1236 et 1249) du dominicain Guillaume Peyraud, ouvrage très utilisé par les prédicateurs et les moralistes au Moyen Âge.]

3. Ms. 468 de la Bibl. mun. de Tours, f° 156, 157. [Le thème du sermon est tiré de l'Évangile de saint Matthieu, 7, 15]. [Sur ce recueil : J.-Th. Welter, *L'Exemplum dans la littérature religieuse et didactique du Moyen Âge*, Paris-Toulouse, 1927 [reprint, Genève : Slatkine, 1973], p. 236-244; Marc Vaisbrot, « Édition critique de la *Compilatio singularis exemplorum* (seconde partie), d'après les ms. D'Upsal, de Tours et de Berne », dans *Positions des thèses...*, Paris : École nationale des chartes, Paris, 1968, p. 183-184.]

4. Ms. 468 de la Bibl. mun. de Tours, f° 71. [Guillaume d'Auvergne est né vers 1180 à Aurillac. Maître régent en théologie à Paris de 1222 à 1228, évêque de Paris de 1228 à sa] mort, en 1249, [il est l'auteur de nombreux ouvrages dont le plus important (en grande partie dirigé contre les hérétiques albigeois) est le *De Universo (Sur l'univers des*

*créatures*) composé entre 1231 et 1236. Voir Noël Valois, *Guillaume d'Auvergne... Sa vie et ses ouvrages*, Paris, 1890; Alan E. Bernstein, « Theology between Heresy and Folklore : William of Auvergne on Punisment after Death », dans *Studies in Medieval and Renaissance History*, 5, 1982, p. 5-44; J. Berlioz, « Pouvoirs et contrôle de la croyance : la question de la procréation démoniaque chez Guillaume d'Auvergne (vers 1180-1249) », dans *Razo*. Cahiers du Centre d'études médiévales de Nice, 9, 1989, p. 5-27.]

5. Ms. 468 de la Bibl. mun. de Tours, f° 71 [voir Tubach 5309].

6. Ms. 468 de la Bibl. mun. de Tours, f° 72. Le couvent des Filles-Dieu à Paris, était une fondation de Guillaume d'Auvergne [avec l'aide de saint Louis, en 1226, pour des prostituées converties].

7. Ms. 468 de la Bibl. mun. de Tours, f° 71. [Le franciscain Eudes Rigaud devient archevêque de Rouen en 1248]. Mort en 1275. [Son journal d'inspection des églises de son diocèse (visites pastorales) est un document précieux pour l'histoire religieuse du XIIIe siècle.]

8. Paris, Bibl. nat., ms. lat. 16530. Cette anecdote est tirée d'un sermon dont l'auteur paraît être Robert de Sorbon, qui avait été chanoine de Cambrai [voir ci-dessus, n° 2; en fait, Robert de Sorbon la raconte dans un de ses sermons authentiques, pris en notes par Pierre de Limoges (ms. Paris, Bibl. nat., lat. 15971, 69 r°)]. [Sur Guiard de Laon,] mort en 1248 [voir la note suivante].

9. Pierre de Limoges. Paris, Bibl. nat., ms. lat. 16482. Guiard de Laon était un ami du narrateur. [Cette assertion de Lecoy de la Marche est inexacte, car Pierre de Limoges n'a certainement jamais rencontré Guiard de Laon. Chanoine de Notre-Dame de Paris, Guiard de Laon est nommé chancelier de l'Université en 1237 et devient évêque de Cambrai en 1238; il meurt le 16 septembre 1248 à l'abbaye cistercienne d'Affligem. Prédicateur prolifique, 350 de ses sermons sont encore conservés (P. C. Boeren, *La vie et les œuvres de Guiard de Laon, 1170 env.-1248*, La Haye : M. Nijhoff, 1956). Pierre de Limoges, de son vrai nom Pierre de la Sépière, est né à Donzenac, près de Brive, dans la première moitié du XIIIe siècle. Maître ès

arts à Paris en 1262, il est bachelier en théologie, sans jamais devenir maître. Dans les années 1260, il prend en note les sermons de Robert de Sorbon. Il avait également dans sa bibliothèque un recueil de plus de 200 textes de sermons prononcés à Paris en 1272-1273. Il a exploité ces matériaux pour réaliser des instruments de travail en vue de sa propre prédication. Il prêche à Paris en 1273, et encore en 1280. Travailleur infatigable, esprit curieux, il a du goût pour les sciences, comme l'astronomie. Il est l'auteur de *L'œil moral* (*De oculo morali*), recueil de récits moraux fondé sur la physiologie de l'œil. Il meurt en 1306 à Blaye, léguant à la Sorbonne plus de 120 volumes.] La même réponse a été attribuée à Guillaume d'Auvergne, évêque de Paris (Ms. 468 de la Bibl. mun. de Tours, f° 72).

10. Ms. 468 de la Bibl. mun. de Tours, f° 156.

11. Étienne de Bourbon : ms. cité, f° 537 [Lecoy 480; Tubach 580, 652].

12. Jacques de Vitry, Paris, Bibl. nat., lat. 17509, f° 30 [Crane 26; Tubach 1345; voir J. Berlioz, « *Exemplum* et histoire. Césaire de Heisterbach (v. 1180-v. 1240) et la croisade albigeoise », dans *Bibliothèque de l'École des chartes*, 147, 1989, p. 49-86]. [Sur Jacques de Vitry : M.-Cl. Gasnault, « Jacques de Vitry : sermon aux gens mariés », dans *Prêcher d'exemples. Récits de prédicateurs du Moyen Âge* présentés par J.-Cl. Schmitt, Paris : Stock/ Moyen Âge, 1985, p. 41-67.]

13. Jacques de Vitry, ms. cité, f° 40 [Crane 56; Tubach 4395].

14. Jacques de Vitry, ms. cité, f° 142 [Crane 254; Tubach 1323].[Le proverbe final (tiré de Virgile, *Énéide*, 8, 224), est donné en latin : *Pedibus timor addidit alas.*]

15. Étienne de Bourbon, ms. cité, f° 347. [Lecoy 268; Tubach 1784; J. Le Goff, *L'Imaginaire médiéval. Essais*, Paris : Gallimard, 1985, p. 265-316].

16. Jacques de Vitry, ms. cité, f° 82 [Crane 103; Tubach 2140, 3904]. Étienne de Bourbon, ms. cité, f° 677 [Lecoy 517]. Étienne de Bourbon, ms. cité, f° 677 v° [Lecoy 518; Tubach 4361; Berlioz, p. 57-58]. Saint Edmond de Cantorbéry mourut, en 1240, au monastère de Pontigny (Yonne), où il s'était retiré. [Cette note de Lecoy est en

partie inexacte : Edmond d'Abington (ou Edmond Rich), théologien de renom, devint archevêque de Canterbury en 1234. Se trouvant en conflit avec le chapitre de sa cathédrale et avec le roi Henri III, il décida d'aller soumettre ses difficultés au pape, à l'automne de 1240. Tandis qu'il se reposait à l'abbaye cistercienne de Pontigny, fondée en 1114 dans les marécages de la vallée du Serein (Yonne), il tomba malade. Alors qu'il rentrait en Angleterre, il mourut le 16 novembre 1240 dans le prieuré augustin de Soisy-en-Brie (Seine-et-Marne), près de Provins. Il avait demandé d'être enterré à Pontigny où son corps fut ramené. Il fut canonisé par Innocent IV six ans après sa mort, en décembre 1246; en juin de l'année suivante l'élévation de ses reliques eut lieu en présence de saint Louis et d'une foule immense. Il devint un des patrons vénérés de l'Angleterre et le protecteur de la région de Pontigny.]

17. Étienne de Bourbon, ms. cité, f° 588 [Lecoy 490; Tubach 607; Berlioz, p. 52-54]. Cet auteur était lié avec un petit-neveu de saint Bernard, Calon de Fontaines [qui était le petit-fils de Guy, frère de Bernard]. [Si est exact le délabrement de la santé du saint, à la fin de sa vie, dû notamment à de graves troubles digestifs, il n'est pas vraisemblable que Louis VII se soit rendu lui-même à Clairvaux. Mais Robert, son frère, rendit visite à Bernard. Et celui-ci reçut au cours de sa dernière maladie une lettre du roi qui le réjouit fort. De plus, il paraît fort douteux qu'un chapon (jeune coq châtré engraissé pour la table) ait pu faire quelque bien au saint. Quelques jours avant sa mort, Bernard écrit à l'abbé de Bonneval que ne rien manger du tout serait la seule chose qui lui fût agréable (*Lettre* 310). Guillaume de Saint-Thierry témoigne que Bernard ne prenait pour toute nourriture que du lait et du pain, ou du bouillon de légumes, ou une bouillie telle qu'on en donne aux enfants (*Vita Prima*, I, 7). Ce récit reprend en les déformant les informations qui couraient alors autour de la maladie du saint. Voir Berlioz, p. 50-54; Dom Jean Leclercq, « Le portrait de saint Bernard dans la littérature des *exempla* du bas Moyen Âge », dans *Collectanea cisterciensia*, 50, 1988, p. 256-267.]

18/1. Jacques de Vitry, ms. cité, f° 32 [Crane 32; Tubach 597].

**18/2.** Étienne de Bourbon, ms. cité, f° 154 v° [Lecoy 20; Tubach 609; Berlioz, p. 50-54]. Le biographe contemporain de saint Bernard [allusion à Geoffroy d'Auxerre et Guillaume de Saint-Thierry] n'a pas relaté ces détails.

**19.** Geoffroy d'Auxerre, Bibl. [mun.] de Troyes, ms. lat. 503, f° 145 [éd. *Analecta sacri ordinis cisterciensis*, 9, 1953, p. 156-157]. L. Bourgain, *La chaire française au XIIᵉ siècle*..., Paris, 1879, p. 316. Le narrateur [dans son sermon] dit avoir appris ce fait de l'abbé qui lui avait succédé au monastère de Fosse-Neuve [Gérard, abbé de Fossanova (à 100 km au SO de Rome) jusqu'en 1170], lequel le tenait lui-même, sous la garantie du serment, du prêtre mentionné dans l'anecdote. [Voir Tubach 1598. La grande spécialité thaumaturgique de saint Bernard fut de guérir, de son vivant, des possédées du démon. Quelques mots sur Geoffroy d'Auxerre : converti par saint Bernard en 1140, il devient moine de Clairvaux. Secrétaire et compagnon de voyage de Bernard. Il est abbé d'Igny en 1159, de Clairvaux en 1162. Déposé en 1165, il se retire à Cîteaux. Il est abbé de Fossanova en 1170, puis d'Hautecombe (en Savoie) en 1176. Il meurt après 1188.]

**20.** Étienne de Bourbon, ms. cité, f° 239 [Lecoy 148; Tubach 150; Berlioz, p. 17. Les frères convers (qui n'étaient pas des moines) étaient particulièrement affectés au service de l'économie; certains vivaient habituellement au monastère, la plupart vivaient dans les granges (exploitations agricoles); tous (sauf exceptions) célébraient dimanches et fêtes au monastère. Ils devaient obéissance absolue à l'abbé. Quant au pape, auteur de ce jugement de Salomon, il s'agit d'] Alexandre III (1159-1181), qui séjourna en France de 1162 à 1165 [, fuyant les partisans de l'empereur Frédéric Barberousse. Le roi de France Louis VII lui offrit asile au château de Vergy, à quelques kilomètres seulement de Cîteaux, ce qui peut expliquer sa visite dans cette abbaye].

**21.** Étienne de Bourbon, ms. cité, f° 333 [Lecoy 254; Tubach 2188]. L'auteur répète ailleurs [Lecoy 473] la même anecdote et place la scène à Rome, où l'ont mise, en effet, quelques hagiographes qui l'ont rapportée en deux mots. [*Saint François d'Assise. Documents*..., Paris : Éditions franciscaines, 1968, p. 1350-1351]. Le verset cité

(*Tota die, confusio facta cooperuit me*) appartient au *Psaume* 43, 15.

**22.** Étienne de Bourbon, ms. cité, f° 406 [Lecoy 347; Tubach 2194]. Le même auteur rapporte ailleurs le fait avec quelques différences. Saint François est abordé dans une église par un manichéen ou pacchaire [*lire* patarin], et répond à ses questions insidieuses : « Si les mains de ce prêtre sont telles que vous le dites, je n'en sais rien; mais, quand même elles le seraient, elles ne peuvent altérer la vertu ni l'efficacité des sacrements. Par ces mains-là, Dieu répand sur son peuple une multitude de grâces et de faveurs : je les baise en l'honneur des biens qu'elles distribuent et de Celui dont elles sont les intermédiaires. » (*Ibid.*, f° 377 [Lecoy 316]. Ce beau trait du fondateur des Frères Mineurs n'a pas été reproduit par les biographes contemporains. [*Saint François d'Assise...*, op. cit., p. 1349].

**23.** Étienne de Bourbon, ms. cité, f°s 195, 330 [Lecoy 83, 251; Tubach 1991, 82]. Ce trait est rapporté dans la vie de saint Dominique par son successeur Jourdain de Saxe [voir ci-dessous, n° 84], et dans l'histoire de la croisade albigeoise [*Hystoria albigensis*, II, 20-21], par Pierre de[s] Vaux-de-Cernay.

**24.** Étienne de Bourbon, ms. cité, f° 395 [Lecoy 329; Tubach 2546].

**25.** Étienne de Bourbon, ms. cité, f° 191 [Lecoy 74; Tubach 989. Allusion est faite aux moines cisterciens, habillés de blanc, et aux clunisiens, habillés de noir. Nous avons modifié la traduction de Lecoy, « sur ses vestiges » (en latin *vestigia*), par « sur ses pas »].

**26.** Ms. 468 de la Bibl. mun. de Tours, f° 164. Étienne de Bourbon raconte quelque chose d'analogue en l'attribuant à un évêque et à son avocat (ms. cité, f° 489 [Lecoy 438; Tubach 5297]). [Bérangère de Navarre], veuve de Richard [I<sup>er</sup>] Cœur-de-Lion [roi d'Angleterre en 1189, mort en 1199], comtesse du Maine.

**27.** Étienne de Bourbon, ms. cité, f° 285 [Lecoy 201; Tubach 4442].

**28.** Jacques de Vitry, ms. cité, f° 48 [Crane 52; Tubach 2990]. Étienne de Bourbon, ms. cité, f° 490 [Lecoy 443; Tubach 403]. Ces deux exemples ont été reproduits par divers auteurs.

**29.** Étienne de Bourbon, ms. cité, f° 537 et 272 [Lecoy 479 et 190; Tubach 3347].

**30.** Étienne de Bourbon, ms. cité, f° 448 [Lecoy 397; Tubach 2119, 4698].

**31.** Maurice de Sully, Paris Bibl. nat., ms. Franç. 13 314. Le narrateur est le héros de l'anecdote rapportée ci-dessus (n° 1). [Tubach 3378; trad. Cl. Bremond, « Maurice de Sully : l'oiseau de Paradis », dans *Prêcher d'exemples. Récits de prédicateurs du Moyen Âge*, dir. J.-Cl. Schmitt, Paris : Stock, 1985, p. 31-34.] Ce joli morceau étant en français dans le manuscrit, je lui laisse l'allure et la saveur du texte original, me contentant de rajeunir quelques phrases et d'abréger quelques longueurs.

**32.** Étienne de Bourbon, ms. cité, f° 652 [Lecoy 507 et 508; Tubach 1113]. Le trait prêté au vieil Homère se retrouve chez une foule de conteurs; mais celui d'Abélard était inconnu. [Philippe le Chancelier (né entre 1160 et 1185, mort en 1236; chancelier de l'Université de Paris à partir de 1218), dans un sermon pour la fête de saint Victor et de sainte Marie-Madeleine, fait sans doute allusion à la même anecdote quand il dit : « Sunt uero qui non dignantur ungere nisi caput, qui scilicet solos maiores et diuites venerantur et pauperes aspernantur, dicentes cum Iuda <*Mat.* 26, 8> : Ut quid perditio hec, etc. [...] Hii sunt personarum acceptores, maioribus adulantes, quos magister Petrus Abalardus confundit in sermone suo dum capam suam purpuream exspolians adorauit » (ms. Paris, Bibl. nat., lat. 3280, f° 126rb; 3543, f° 163ra) : voir N. Bériou, « La Madeleine dans les sermons parisiens du XIIIᵉ siècle », dans *L'Image de Marie-Madeleine à l'époque féodale*. Actes du séminaire de Georges Duby (1986-1987), éd. Jean-Yves Tilliette et Dominique Iogna-Prat, Rome : École française de Rome, sous presse.]

**33.** Pierre de Limoges : Paris, Bibl. nat., ms. lat. 3 234 [Tubach 2634]; *Histoire littéraire de la France*, Paris, XXVI, [1873], p. 466. Cf. Thomas Wright, *A Selection of Latin stories from the Manuscripts of the Thirteenth and Fourteenth Centuries*, Londres, 1842, p. 71; Boccace, *Décaméron*, 4ᵉ journée [IV, 2].

**34.** Étienne de Bourbon, ms. cité, f° 338 [Lecoy 258; Tubach 4798]. Jacques de Vitry, ms. cité, f° 61 [Crane 68].

35. Jacques de Vitry, ms. cité, f° 97 [Crane 123; Tubach 947]. [Lecoy a transcrit le nom du héros en Gobant; Crane l'a transcrit quant à lui en Gobaut.]

36. Étienne de Bourbon, ms. cité, f° 576 v° [Lecoy 485; Tubach 650]. L'évêque élu est Maurice de Sully [voir ci-dessus, n° 1]. [Pierre le Mangeur fut un théologien célèbre — auteur de l'*Histoire scolastique*, résumé commenté de la Bible à l'usage des étudiants; professeur à Paris puis chancelier, il meurt à l'abbaye de Saint-Victor en 1179.]

37. Étienne de Bourbon, ms. cité, f° 329 [Lecoy 249; Tubach 2423]. [Dans le titre qu'il donne à cet *exemplum*, A. Lecoy de la Marche évoque une héroïne biblique : la femme de Putiphar; celui-ci, officier égyptien, est le maître de Jacob dont il fait son intendant; sa femme tente de séduire Jacob qui la repousse et laisse son manteau entre ses mains; elle l'accuse alors et Putiphar l'emprisonne (*Genèse* 39).] [Gilbert de la Porrée, ou plus exactement Gilbert Porrée.] Célèbre docteur [théologien et dialecticien], qui devint évêque de Poitiers [en 1142, et mourut en 1154]. La reine de France qui vivait de son temps était la trop fameuse Éléonore [ou Aliénor] d'Aquitaine [qui épousa Louis VII en 1137 et fut répudiée en 1152], à laquelle ce trait conviendrait parfaitement [Lecoy vise ici sa légendaire inconduite...]

38. Ms. 468 de la Bibl. mun. de Tours, f° 111. [Pour les récits 38 à 49 : Jacques Le Goff, « Philippe Auguste dans les "exempla" », dans *La France de Philippe Auguste. Le Temps des mutations*, Paris : CNRS, 1982, p. 145-155.]

39. Ms. 468 de la Bibl. mun. de Tours, f° 113. [Tubach 3930. Récit évoqué par Ranulphe de la Houblonnière, *Sermo* 5, éd. Nicole Bériou, *La Prédication de Ranulphe de la Houblonnière. Sermons aux clercs et aux simples gens à Paris au XIII<sup>e</sup> siècle*, Paris : Études augustiniennes, 2, 1987, 2, p. 66, l. 200-202. Sur Ranulphe, voir ci-dessous, n° 145.]

40. Ms. 468 de la Bibl. mun. de Tours, f° 112 v°.

41. Ms. 468 de la Bibl. mun. de Tours, f° 75 v°. Renaud, élu évêque de Chartres en 1182 [et mort en 1217], était le neveu du comte Henri de Champagne, qui avait épousé une sœur [Marie de France] de Philippe Auguste.

42. Ms. 468 de la Bibl. mun. de Tours, f° 112.

43. Ms. 468 de la Bibl. mun. de Tours, f° 114.

44. Ms. 433 de [la Bibl. mun. de] Tours, [trad. Léopold Delisle, « Note sur un manuscrit de Tours renfermant des gloses françaises du XIIe siècle », dans] *Bibliothèque de l'École des Chartes*, 30, 1869, p. 332. Rabelais a rapporté le même trait en l'attribuant au poète Villon (*Pantagruel*, IV, 66 [*Le Quart Livre*, 67]). La traduction de L. Delisle est trop pudique. Pour mieux comprendre la fin de l'anecdote, voilà ce que dit Rabelais : « Si elles étaient peintes [il s'agit ici des armes du roi de France] en un autre endroit de votre maison, dans votre chambre, dans votre salon, votre chapelle, ou ailleurs, sacré Dieu! Vous chieriez [de peur] partout dès l'instant où vous les auriez vues ».

45. Ms. 468 de la Bibl. mun. de Tours, f° 112.

46. Étienne de Bourbon, ms. cité, f° 283 [Lecoy 200; Tubach 4091].

47. Ms. 468 de la Bibl. mun. de Tours, f° 113, 358. Voici cet apologue du mulet, tel que le raconte Jacques de Vitry : « Un renard aborda un mulet et lui demanda : Quelle espèce d'animal es-tu? Âne ou cheval? — Que t'importe? Répondit le mulet. Je suis une créature de Dieu. — Mais je voudrais savoir quelle est ta famille. — Je suis le petit-fils d'un grand destrier du roi d'Espagne. — Mais quel fut ton père et quelle fut ta mère? Alors le mulet irrité : Tu trouveras toute ma généalogie gravée sur le fer de mon pied. Et, lançant contre le renard une violente ruade, il le tua. » (Jacques de Vitry, ms. cité, f° 33 [Crane 33; Tubach 3432]. Le premier et le dernier trait reproduits ici se trouvent également dans Étienne de Bourbon (f° 357 et suiv. [Lecoy 290-292; Tubach 2877, 2893; 3432; 1292, 3480; le premier *exemplum* se trouve aussi — non développé — chez Ranulphe de la Houblonnière, *Sermo* 12, éd. citée (voir n° 39), 2, p. 147, l. 164-166.]

48. Ms. 468 de la Bibl. mun. de Tours, f° 113 v° [Tubach 863].

49. Étienne de Bourbon, ms. cité, f° 387 [Lecoy 323; Tubach 1517]. Cette curieuse tradition sur la mort de Philippe Auguste paraît avoir été accréditée dans la famille royale. [Philippe Auguste mourut le 14 juillet 1223, à

Mantes. Son corps embaumé fut aussitôt transporté à Saint-Denis; il fut enterré dès le lendemain. La vision miraculeuse de sa mort fut largement répandue sous plusieurs versions. Celle d'Étienne de Bourbon connut un très grand succès, puisque racontée sous forme d'anecdote édifiante. Quant à la source du dominicain,] il s'agit de Sybille de Hainaut, mariée à Guichard de Beaujeu et sœur d'Isabelle de Hainaut, première femme de Philippe Auguste. [Philippe Auguste appartient ainsi à cette série de rois de France que l'instauration récente du purgatoire (au XIIe siècle) permet d'arracher à l'enfer (voir J. Le Goff, « Le dossier de sainteté de Philippe Auguste », dans *L'Histoire*, n° 100, mai 1987, p. 22-29). Le saint qui délivre le roi des griffes des démons est Denis l'Aréopagite, qui selon les *Actes des Apôtres* (18, 34) fut converti au christianisme par saint Paul. Son surnom d'Aréopagite lui venait, nous dit la *Légende dorée* de Jacques de Voragine, « d'un faubourg d'Athènes où il demeurait, et qui s'appelait l'Aréopage, c'est-à-dire faubourg de Mars, parce qu'on y voyait un temple du dieu Mars. » C'est lui qui, selon la légende, se rendit à Paris pour évangéliser les foules, ce qui eut lieu en tout état de cause seulement au IIIe siècle. Le préfet le fit décapiter, mais aussitôt il se redressa, prit dans ses mains sa tête coupée, et sous la conduite d'un ange, marcha depuis la colline de Montmartre jusqu'à l'actuelle basilique de Saint-Denis. Celle-ci accueillit les tombeaux des rois de France à partir de Dagobert (vers 630). Cette fonction explique que ce soit le saint patron du lieu, saint Denis, qui ait pris en charge l'âme de Philippe Auguste.]

50. Ms. 468 de la Bibl. mun. de Tours, f° 161. Le trait du suaire est raconté aussi par Jacques de Vitry, ms. cité, f° 93 [Crane 119; Tubach 4355], par Étienne de Bourbon (f° 178 v° [Lecoy 60] et par d'autres. [Saladin, sultan ayyubide d'Égypte et de Syrie, mort en 1193. S'empare de Jérusalem en 1187. Sa personnalité impressionna tant en Orient qu'en Occident; sa générosité était telle qu'il fut considéré dans le monde chrétien comme un modèle des valeurs chevaleresques.] [L'épée du roi Jean :] C'est le potentat asiatique [légendaire] que Joinville appelle le « prêtre Jean » et sur lequel il raconte tant de détails

curieux [*Histoire de saint Louis*, 113-115; voir J. Richard, art. « Le Prêtre Jean », dans *Dictionnaire des Lettres françaises*, Paris : Fayard, 1964, p. 605].

**51.** Étienne de Bourbon, ms. cité, f° 402 [Lecoy 338; Tubach 2557]. [L'empereur Frédéric :] Frédéric II, empereur d'Allemagne, mort en 1250.

**52.** Ms. 468 de la Bibl. mun. de Tours, f° 71, 72. Guillaume d'Auvergne. Voir ci dessus, n°s 4, 5, 6. [Les frères de Saint-Jacques :] Ou les Jacobins, du nom de la première maison qu'ils eurent à Paris [en 1217], rue Saint-Jacques.

**53.** Étienne de Bourbon, ms. cité, f° 659 [Lecoy 513; Tubach 158. Pour les récits 53 à 56 : *Les Propos de saint Louis*, présentés par David O'Connell et préfacés par Jacques Le Goff, Paris, Gallimard, 1974, « Archives », 54].

**54.** Étienne de Bourbon : ms. cité, f° 178 [Lecoy 58; Tubach 3735]. Ce fait est bien connu; mais on l'a rapporté ici de première main et avec des détails nouveaux.

**55.** Paris, Bibl. nat., ms. lat. 6271, f° 16.

**56.** Paris, Bibl. nat., ms. lat. 16530.

**57.** Ce dialogue entre saint Louis et saint Bonaventure, que celui-ci a rapporté lui-même, est tiré d'un manuscrit d'Italie récemment découvert par le P. Fedele da Fanna et cité par lui dans l'Introduction écrite pour la nouvelle édition des œuvres du docteur Séraphique [*Ratio novae collectionis operum omnium sive editorum sive anecdotorum Seraphici Eccl. Doctoris S. Bonaventurae...*, Turin, 1874, p. 90-127]. [Voir Jacques-Guy Bougerol, « Saint Bonaventure et le roi saint Louis », dans *S. Bonaventura, 1274-1974*, Grottaferrata : Collegio S. Bonaventura, 2, 1973, p. 469-493.]

**58.** Ms. 468 de la Bibl. mun. de Tours, f° 121. [Le comte de Toulouse :] Raymond VII, [comte de Toulouse en 1222,] mort en 1249. [L'accord avec le roi Louis :] C'est le fameux traité de 1229. [Traité conclu à Meaux (et sanctionné à Paris) : la fille unique de Raymond VII, Jeanne, doit épouser un des fils du roi; Raymond s'engage aussi à financer une université à Toulouse et à extirper l'hérésie de sa terre.]

**59.** Paris, Bibl. nat., ms. [lat.] 6271, f° 17. [Le comte de

Provence :] Raymond-Béranger IV [mort en 1245; épousa en 1220 Béatrix de Savoie; pour le mariage de ses filles : Marguerite épousa en 1234 S. Louis; Éléonore, Henri III, roi d'Angleterre en 1236; Sancie, Richard, frère de Henri III, en 1244, et Béatrix, Charles d'Anjou, en 1246].

60. Paris, Bibl. nat., ms. [lat.] 6271, f° 19. [Bâtard légitimé de l'empereur Frédéric II, Manfredi (ou sous sa forme francisée Mainfroi) conquit en 1258 l'Italie du Sud et la Sicile qu'il ne put conserver, Charles Ier d'Anjou ayant été investi de ce royaume par le pape. Manfredi fut vaincu et tué près de Bénévent en 1266. Conradin, fils de l'empereur Conrad IV (lui-même fils de Frédéric II), fut également vaincu par Charles d'Anjou.]

61. Étienne de Bourbon, ms. cité, f° 193 v° [Lecoy 81; Tubach 5324].

62. Jacques de Vitry, ms. cité, f° 11 [Crane 8, 9; Tubach 4994?, 2907].

63. Étienne de Bourbon, ms. cité, f° 674 [Lecoy 516; Tubach 4139]. Il s'agit sans doute ici du duc Richard le Bon, mort en 1027.

64. Ms. 468 de la Bibl. mun. de Tours, f° 120. [Le comte de Champagne :] Thibaud le Grand, [né vers 1090, comte de Champagne vers 1125] mort en 1152. Étienne de Bourbon a répété ce récit avec quelques variantes (f° 238 v° [Lecoy 146; Tubach 162, 814, 4287]. Dans sa version, l'homme riche est un bourgeois; il le fait mettre en prison pour qu'il rachète sa liberté et que le prix de sa rançon soit distribué aux pauvres. D'après Joinville, qui a raconté le même trait avec de jolis détails ([*Histoire de saint Louis*, 20,] éd. Natalis de Wailly, Paris, 1868, p. 33), c'est, en effet, un bourgeois opulent, nommé Artaud [Ertaus de Nogent] (constructeur du château de Nogent-l'Ertaut) qui fut donné en otage au chevalier; seulement le héros de l'anecdote aurait été Henri le Large ou le Libéral, comte de Champagne de 1152 à 1181, et non son père, Thibaud le Grand, comme paraissent le croire les autres auteurs.

65. Jacques de Vitry, ms. cité, f° 77 [Crane 94; Tubach 985]. Étienne de Bourbon, ms. cité, f°s 239, 241 [Lecoy 150, 157; Tubach 162; 985B]. Ms. 468 de la Bibl. mun. de Tours, f° 120. Un sermon anonyme mentionne égale-

ment l'habitude du comte Thibaud d'emporter avec lui, quand il chevauchait, des souliers et du cirage pour les distribuer aux indigents. L'orateur ajoute qu'il répondait aux chevaliers qui le trouvaient mauvais : « Ne vous étonnez pas si je veux donner tout cela moi-même, car j'entends recevoir moi-même ma récompense. » (Ms. Lat. 16 505 de la Bibl. nat. De Paris, f° 13).

**66.** Étienne de Bourbon, ms. cité, f° 534, 589, 639 [Lecoy 477, 492, 504; Tubach 3314, 5375]. Le seigneur en question est Robert, dauphin d'Auvergne, qui avait épousé une comtesse de Montferrand [qui apporta à son mari le comté de Montferrand et mourut en 1199] et qui mourut en 1234. L'auteur l'appelle ailleurs le marquis de Montferrand. [Le légat :] Romain, cardinal de Saint-Ange, [évêque de Porto et de Sainte-Rufine en 1236] envoyé en légation dans le royaume de France sous le règne de saint Louis [et mort en 1243]. [Sur le proverbe, voir J. Morawsky, *Proverbes français...*, Paris, 1925, n° 1229, p. 45.]

**67.** Étienne de Bourbon, ms. cité, f° 390 [Lecoy 327; Tubach 2555].

**68.** Ms. 468 de la Bibl. mun. de Tours, f° 164 v°. L'abbaye de Notre-Dame d'Angers fut fondée ou réédifiée par le comte Foulques Nerra et son épouse Hildegarde, au XI⁰ siècle [en 1028].

**69.** Ms. 468 de la Bibl. mun. de Tours, f° 120.

**70.** Étienne de Bourbon, ms. cité, f° 249 [Lecoy 168; Tubach 4119]. Cette curieuse variante d'une légende célèbre, où l'on reconnaît l'influence d'un ou deux contes populaires, diffère surtout des autres par le dénouement, qui est peut-être plus dramatique ainsi. [Cette légende, qui d'une version à l'autre, témoigne de l'adaptation d'un texte à l'attente du public, est un assemblage d'éléments chevaleresques, religieux et sans doute folkloriques, unis sous la structure du récit exemplaire. N'en citons que trois exemples. R. S. Crane, en 1914, a montré que circulait dès le XI⁰ siècle en Irlande un récit hagiographique présentant d'étroites ressemblances avec la légende de Robert le Diable, et ce jusqu'à l'injonction de la pénitence au pécheur. Le thème de la folie simulée est emprunté à la tradition byzantine des « saints fous » (*saloi*). De même, la fin de la légende présente des affinités certaines avec le conte des frères Grimm Jean de Fer (*Der Eisenhans*) ainsi qu'avec les contes regroupés sous le conte-type 314 de la classification internationale de A. Aarne et St. Thompson, contes généralement placés sous l'intitulé du « Petit jardinier aux cheveux d'or » ou du « Teigneux ». Voir J. Berlioz, « Métaphore, lieux communs et récit exemplaire : les images de la folie simulée dans la *Vie du terrible Robert le Dyable* (1496) », dans *Symboles de la Renaissance, Arts et langage*, II, Paris : Presses de l'École normale supérieure, 1982, p. 89-108 et 231-236; *id.*, « Dramma di famiglia e ideale cavalleresco : la leggenda di Roberto il Diavolo nelle "Chroniques de Normandie" (XIV secolo) », dans *La Paura dei padri nella società antica e medievale*, éd. Ezio Pellizer et Nevio Zorzetti, Roma-Bari : Laterza, 1983 (Biblioteca di cultura moderna Laterza, 880), p. 155-169; *id.*, « Les versions médiévales de l'histoire de Robert le Diable : présence du conte et sens des récits », dans *Le Conte. Tradition orale et identité culturelle*, éd. Jean-Baptiste Martin, Lyon : Association Rhône-Alpes Conte, Agence régionale d'ethnologie, 1988, p. 149-165; *id.*, art. « Robert le Diable », dans *Dictionnaire des lettres françaises*, dir. M. Zink, sous presse; R. S. Crane, « An Irish analogue of the legend of Robert the Devil », dans *Romanic Review*, 5, 1914, p. 55-67; K. Wais, « Märchen und Chanson de geste. Themengeschichtlichen zur Robert le Diable, Berte aux grans piés, Loher und Maler », dans *Zeitschrift für französische Sprache und Literatur*, 87, 1977, p. 314-334.]

**71.** Étienne de Bourbon, ms. cité, f° 658 [Lecoy 512; Tubach 4656].

**72.** Jacques de Vitry, ms. cité, f° 73, 75 [Crane 86, 87, 90; Tubach 4725, 4723, 1099]. Étienne de Bourbon cite le trait du chevalier Pain-et-Eau, en ajoutant qu'il renonça ensuite à se singulariser, pour vivre comme ses frères (f° 271 v° [Lecoy 188; Tubach 4722]). [Sur le Temple, voir Alain Demurger, *Vie et mort de l'ordre du Temple*, Paris : Seuil, 2e éd., 1989 (Points Histoire, 123).] [À propos du nom du cheval :] Morel (petit maure) était le nom ordinaire des chevaux noirs.

**73.** Bernard Gui [dominicain, inquisiteur, 1261/1262-1331], [*Fleurs des histoires*, commencées en Avignon en

1311] : Paris, Bibl. nat., lat. 4 977, f° 53. *Notices et extraits des manuscrits...*, Paris, 27/2, 1879, [note 8,] p. 369 [-370]. Étienne de Bourbon a rapporté ce trait plus succintement, sans donner le nom du héros de l'aventure (ms. cité, f° 299 [Lecoy 216; Tubach 3057]. Plusieurs chroniqueurs l'ont également reproduit. [Voir A. G. Brodeur, *The Grateful Lion. A Study in the development of mediaeval narrative*, dans *Publications of the Modern Language Association*, 39/3, sept. 1924, p. 485-524].

74. Jacques de Vitry, ms. cité, f° 99 [Crane 124; Tubach 1392]. [Ce récit montre bien la dimension spirituelle et pénitentielle que revêtait alors la croisade.]

75. Étienne de Bourbon, ms. cité, f° 433 [Lecoy 382; Tubach 3088]. [Prise de Damiette :] En 1249.

76. Jacques de Vitry, ms. cité, f° 105 [Crane 161; Tubach 660; voir J. Le Goff, « Réalités sociales et codes idéologiques au début du XIIIᵉ siècle : un *exemplum* de Jacques de Vitry sur les tournois », dans *L'Imaginaire médiéval. Essais*, Paris, Gallimard, 1985 (Bibliothèque des histoires), p. 248-261)].

77. Étienne de Bourbon, ms. cité, f° 485 [Lecoy 430; Tubach 1391]. [Étienne de Bourbon a mêlé plusieurs épisodes distincts : voir Berlioz, p. 10-14.] [Le comte :] Girard, comte de Mâcon, mourut en 1184.

78. Étienne de Bourbon, ms. cité, f° 485 [Lecoy 431; Tubach 4562; Berlioz p. 12-14]. Voir le n° précédent. [Achat du comté de Mâcon :] En 1239. [C'est en février 1239 que, à court d'argent, le comte de Mâcon Jean de Braine (1224-1240) et Alix de Vienne, son épouse, vendirent au roi de France pour 10 000 livres tournois le comté et toutes leurs possessions à l'ouest de la Saône. En juillet 1239, Jean de Braine rejoignit à Lyon le groupe de croisés qui s'embarquèrent à Aigues-Mortes en août. Il mourut sans doute devant Tripoli entre janvier et avril 1240.]

79. Jacques de Vitry, ms. cité, f° 108 [Crane 150; Tubach 4682].

80. Paris, Bibl. nat., ms. lat. 15971, f° 113.

81. Ms. 468 de la Bibl. mun. de Tours, f° 160. [Il s'agit d'une des premières versions médiévales du conte-type 780 (« The singing Bone ») de la classification internationale d'Aarne et Thompson (Antti Aarne, *The Types of the*

*Folktale, a Classification and Bibliography*, translated and enlarged by Stith Thompson, 2ᵉ éd., Helsingfors, 1961, p. 269) dont le thème se résume ainsi : un jeune homme tue sa sœur et l'enterre. De ses os un berger fabrique une flûte qui dévoile le secret.]

**82.** Pierre de Poitiers, Paris, Bibl. nat., ms. lat. 14593, fᵒ 45 (trad. Bourgain, *op. cit.*, p. 329). Jacques de Vitry, ms. cité, fᵒ 90 [Crane 116; Tubach 4184A]. Étienne de Bourbon, ms. cité, fᵒ 176 vᵒ [Lecoy 50]. Ce dernier attribue ce fait au sire de Vignory [Haute-Marne] et à son fils. [Pierre de Poitiers, né entre 1125 et 1135, suivit l'enseignement de Pierre Lombard. Chancelier à Paris, il surveille l'enseignement donné au cloître Notre Dame et nomme les maîtres chargés de l'assurer. Il conserve cette charge jusqu'à sa mort, en 1205. Le sermon d'où est tiré ce récit pose un problème d'attribution : voir Jean Longère, art. « Pierre de Poitiers », dans *Dictionnaire de spiritualité*, Paris, 12/2, 1986, col. 1639-1648).]

**83.** Jacques de Vitry, ms. cité, fᵒ 134 [Crane 219; Tubach 675?]. Étienne de Bourbon, ms. cité, fᵒ 435 [Lecoy 385]. D'après le second de ces auteurs, le roi de France dont il s'agit serait Philippe Auguste. [Voir E. D. Craun, « 'Inordinata locutio' : Blasphemy in Pastoral Literature, 1200-1500 », dans *Traditio*, 39, 1983, p. 135-162; Carla Casagrande, Silvana Vecchio, *Les Péchés de langue. Discipline et éthique de la parole dans la culture médiévale*. Préface de Jacques Le Goff, Paris : Cerf, 1991].

**84.** Étienne de Bourbon, ms. cité, fᵒ 155 [Lecoy 22; Tubach 3050]. [Jourdain de Saxe], troisième [maître] général de l'ordre de Saint-Dominique [en 1222], mort en 1237. [Jourdain de Saxe fut un excellent recruteur, notamment parmi les étudiants des « Arts » que son éloquence séduisait aisément.]

**85.** Étienne de Bourbon, ms. cité, fᵒ 246 [Lecoy 166; Tubach 3659].

**86.** Pierre de Poitiers, Paris, Bibl. nat., ms. lat. 14593, fᵒ 46. Bourgain, *op. cit.*, p. 142. [Tubach 2559; le thème vient des *Vies des pères* latines; voir ci-dessus, nᵒ 82.]

**87.** Étienne de Bourbon, ms. cité, fᵒ 358, 483 [Lecoy 246, 426, 427; Tubach 4898, 4916; 1296; 909; Berlioz, p. 10-13]. Cf. Le ms. 35 de la Bibliothèque [municipale] d'Auxerre, f° 162 [voir Claire Stra, éd., « Étude d'un recueil anonyme d'« exempla » (compilation de la fin du XIIIᵉ siècle) », dans *Positions des thèses...*, Paris : École nationale des chartes, 1973, p. 159-163]. Le trait d'Alain de Lille prouve que cet auteur séjourna quelque temps à Montpellier, ce que l'on ignorait. [À la fin de sa vie, Alain de Lille, mort en 1203, fit un long séjour dans le sud de la France. Voir ci-dessous, n° 141.]

**88.** Jacques de Vitry, ms. cité, f° 34 [Crane 38; Tubach 2421; ce récit gagnera le théâtre profane dans la célèbre *Farce de Maître Pathelin* (composée entre 1461 et 1469?)].

**89.** Jacques de Vitry, ms. cité, f° 36 [Crane 39, 40, 41; Tubach 2674, 1050, 2991, 2933]. Étienne de Bourbon rapporte en deux mots cette anecdote (f° 489) [Lecoy 439]. [Le Perrin Dandin cité dans le titre évoque le héros de la comédie de Jean Racine *Les Plaideurs*, représentée pour la première fois en novembre 1668. La cantilène évoquée est en latin : *Operari dum licuit, / Voluntas mihi defuit; / Nunc facultas adimitur, / Cum voluntas tribuitur.*]

**90.** Ms. 468 de la Bibl. mun. de Tours, f° 132. Les vers sont en français dans le manuscrit; je me contente de les rajeunir quelque peu. [Sur les récits autour de l'ingratitude filiale : Fr. Delpech, « L'Élimination des vieillards : recherches sur quelques versions ibériques d'un cycle folklorique traditionnel », dans *Littérature orale traditionnelle populaire*. Actes du Colloque, Paris, 20-22 novembre 1986, Paris, 1987, p. 433-490; J. Berlioz, « L'homme au crapaud. Genèse d'un *exemplum* médiéval », dans *Tradition et Histoire dans la culture populaire*, Grenoble : Centre alpin et rhodanien d'ethnologie, 1990, p. 169-203].

**91.** Pierre de Limoges, Paris, Bibl. nat., ms. lat. 16 482. La famille Poinlane occupa, en effet, un rang distingué dans la bourgeoisie parisienne.[Robert de Sorbon acquit en décembre 1254, avec l'aide du roi saint Louis, des dépendances appartenant à Pierre Pointlasne, bourgeois de Paris, rue Coupe-Gueule, où devait être installé le collège de la Sorbonne (P. Glorieux, *Aux origines de la Sorbonne...*, Paris : Vrin, 1, 1965, p. 36-38, 2, 1966, p. 10-18, 145). Le maître en philosophie doit être le dominicain Jean Pointlasne, maître régent à Paris en 1247-1248, et

qui fut consulté sur l'affaire du Talmud en 1248 (P. Glorieux, *Répertoire des maîtres en théologie de Paris du
XIIIᵉ siècle*, Paris : Vrin, 1, 1933, n° 10, p. 82-83).]

**92.** Étienne de Bourbon, ms. cité, f° 475 [Lecoy 415;
Tubach 2974]. Il y a, dans le latin, une gradation assez
difficile à rendre en français : *Scabiosus; Martinus Scabiosus; dominus Martinus; meus Dominus Martinus.* Quel
trait de mœurs que ces nuances!

**93.** Paris, Bibl. nat., mss. de dom Grenier, t. CLVIII,
f° 131. [Voir Tubach 3367.]

**94.** Jacques de Vitry, ms. cité, f° 116 [Crane 162, 163;
Tubach 819, 3251]. Étienne de Bourbon, ms. cité, f° 486
[Lecoy 435].

**95.** Étienne de Bourbon, ms. cité, f° 486 [Lecoy 433;
Tubach 2612, 5316]. Jacques de Vitry, ms. cité, f° 127
[Crane 193; Tubach 2612].

**96.** Étienne de Bourbon, ms. cité, f° 534 [Lecoy 478;
Tubach 3266]. [L'expression « Le quart d'heure de Rabelais », employée en titre par Lecoy évoque le moment où il
faut payer la note. D'après une tradition, Rabelais revenait de Rome et passait par Lyon, où il se trouva retenu
dans une auberge faute d'argent. On raconte qu'alors il
déposa dans un endroit apparent de sa chambre de petits
paquets sur lesquels il avait écrit : *Poison pour le roi,
poison pour la reine, poison pour le dauphin.* L'auber-
giste, épouvanté de cette découverte, courut en prévenir
les autorités de Lyon, qui firent conduire Rabelais à Paris
par la maréchaussée. François Iᵉʳ est prévenu de l'arresta-
tion d'un grand criminel; il veut le voir, et l'on conduit
devant lui Rabelais, dont la vue fait aussitôt sourire le roi.
« C'est bien fait à vous dit François Iᵉʳ aux notables lyonnais qui avaient accompagné leur capture; ce m'est une
preuve que vous n'avez pas peu de sollicitude pour la
conservation de notre vie; mais je n'aurais jamais
soupçonné d'une méchante entreprise le bonhomme Rabelais. » Là-dessus, il congédie très gracieusement confondus
et retient à souper Rabelais qui but largement à la santé
du roi et de la bonne ville de Lyon. Pierre Larousse, qui
rapporte cette anecdote dans son *Grand Dictionnaire universel du XIXe siècle* (13, Paris, 1875, p. 495-596) la juge
peu vraisemblable.]

**97.** Étienne de Bourbon, ms. cité, f° 177, 478 [Lecoy 53, 420; Tubach 5033, 5044; Berlioz, p. 7-9]. L'église de Notre-Dame de Dijon, qui remonte au XIIIᵉ siècle [elle fut contruite entre 1220 et 1238], est précisément remarquable par son portail. [La façade occidentale comportait une triple frise portant cinquante et une sculptures. Détruites au XIIIᵉ siècle, elles furent remplacées en 1881.]

**98.** Jacques de Vitry, ms. cité, f° 122 [Crane 177, 178; Tubach 375, 5029; J. Le Goff, *La bourse et la vie. Économie et religion au Moyen Âge*, Paris : Hachette, 1986, p. 50-68].

**99.** Jacques de Vitry, ms. cité, f° 131 [Crane 208; Tubach 1231, 4763]. Étienne de Bourbon, ms. cité, f° 484 [Lecoy 428].

**100.** Étienne de Bourbon, ms. cité, f° 521 [Lecoy 465; Tubach 1134]. [Le dominicain se réfère aux *Otia imperialia* (les *Oisivetés impériales*), III, 96, du clerc anglais Gervais de Tilbury (1153-1221), ouvrage] adressé à l'empereur Othon IV.

**101.** Cette anecdote est racontée par Jean de Baume, frère prêcheur [à Paris vers 1312]. Paris, Bibl. nat., ms. lat. 14799, f° 147; *Histoire littéraire de la France*, Paris, XXVII, [1877], [p.] 154. Les jongleurs étaient des déclamateurs qui récitaient en public les chansons de geste ou d'autres genres de poésie. [Sur le jugement par le feu au Moyen Âge, voir D. Barthélemy, « Diversité des ordalies médiévales », dans *Revue historique*, 280, 1989, p. 3-25].

**102.** Étienne de Bourbon, ms. cité, f° 250 [Lecoy 169; Tubach 83].

**103.** Étienne de Bourbon, ms. cité, f° 140 [Lecoy 10; Tubach 1297]. Jacques de Vitry, ms. cité, f° 82 [Crane 102]. Il y a un proverbe italien qui dit : *Passato il pericolo, gabbato il santo* (le péril passé, on se moque du saint)[cité par Rabelais, *Le Quart livre*, 24].

**104.** Étienne de Bourbon, ms. cité, f° 425 [Lecoy 377; Tubach 4689]. Jacques de Vitry, ms. cité, f° 134 [Crane 220; Tubach 4688].

**105.** Étienne de Bourbon, ms. cité, f° 403 [Lecoy 339; Tubach 2975]. Jacques de Vitry, ms. cité, f° 20 [Crane 20]. Ce conte a une origine indienne et se retrouve dans la littérature arabe.

**106.** Étienne de Bourbon, ms. cité, f° 274 [Lecoy 194. Tubach 2629; Jean-Claude Schmitt, « 'Jeunes' et danse des chevaux de bois. Le folklore méridional dans la littérature des 'exempla' (XIIIe-XIVe siècles) », Toulouse : Privat, 1976 (Cahiers de Fanjeaux, 11), p. 127-158]. [Elne :] Ancienne ville de Roussillon [Pyrénées orientales], dont le siège épiscopal a été transféré [en 1601] à Perpignan.

**107.** Étienne de Bourbon, ms. cité, f° 409 [Lecoy 357, 358; Tubach 4510; J.-Cl. Schmitt, *Les 'superstitions'*, dans J. Le Goff et René Rémond, dir., *Histoire de la France religieuse*, 1, Paris : Seuil, 1988, p. 416-551].

**108.** Étienne de Bourbon, ms. cité, f° 381 [Lecoy 317; Tubach 2662]. Le narrateur dit avoir lu et entendu réciter cette légende sous forme de poésie. [Voir Philippe Marchenay, *L'homme et l'abeille*, Paris : Berger-Levrault, 1984; ce récit s'intègre parmi les nombreux *exempla* exaltant au XIIIe siècle l'eucharistie].

**109.** Étienne de Bourbon, ms. cité, f° 240 [Lecoy 152; Tubach 984, 5153; voir ci-dessus, n° 90].

**110.** Étienne de Bourbon, ms. cité, f° 243 [Lecoy 160; Tubach 1272]. Cet apologue se retrouve, avec des variantes, dans les *Gesta Romanorum* [recueil de récits exemplaires d'origine allemande du XIVe siècle], dans les *Cent nouvelles nouvelles* [recueil de nouvelles du XVIe s.], dans Shakespeare, dans un fabliau publié par Méon (*Nouveau recueil de fabliaux et contes inédits des poètes français...*, Paris, 1823, II, 440), dans les sermons d'Albert de Padoue, et jusque dans les contes populaires attribués aux Tartares [toutes références dans Carlo Delcorno, *Exemplum e letteratura tra Medioevo e Rinascimento*, Bologne : Il Mulino, 1989, p. 163-191].

**111.** Étienne de Bourbon, ms. cité, f° 243 [Lecoy 161; Tubach 2001; sur l'ingratitude filiale, voir ci-dessus, note n° 90].

**112.** Étienne de Bourbon, ms. cité, f° 465 [Lecoy 407; Tubach 4967]. [Pour la citation : *Matth.* 6, 21].

**113.** Jacques de Vitry, ms. cité, f° 69 [Crane 78; Tubach 4390].

**114.** Anonyme génovéfain [chanoine régulier de l'abbaye Sainte-Geneviève, à Paris], témoin oculaire. Paris,

Bibl. nat., ms. lat. 14859, f° 226 [éd. *Recueil des historiens des Gaules...*, Paris, 23, 1876, p. 135-138]. Bourgain, *op. cit.*, p. 365. Le Petit-Pont a conservé son nom et son emplacement. Le Grand-Pont occupait la place du Pont-Notre-Dame. [Il faut préciser que l'Ile de la Cité n'était reliée aux deux rives que par deux ponts : le Petit Pont au sud, le Grand Pont au nord. Ces ponts de bois, ayant à chaque extrémité une arche de pierre, étaient surchargés d'habitations, parfois en encorbellement au-dessus du fleuve; leurs arches étaient garnies de moulins et de pêcheries]. L'évêque Eudes :] Eudes de Sully, [évêque de Paris en 1196] mort en 1208. [L'église où l'on apporte les reliques des saints :] L'église de Sainte-Geneviève. C'est un Génovéfain qui parle [l'abbé de Saint-Denis Suger introduisit à Sainte-Geneviève en 1148 les chanoines réguliers de Saint-Victor : l'abbaye de Sainte-Geneviève devint alors un centre intellectuel réputé; voir R. H. Bautier, « Les origines et les développements de l'abbaye Saint-Victor de Paris », dans *L'Abbaye parisienne de Saint-Victor au Moyen Âge*, Turnhout : Brepols, 1991 (Bibliothèque victorine, 1), p. 24-52, et part. p. 49-50]. [En décembre 1206, du fait de l'abondance des pluies, il y eu effectivement d'importantes inondations de la Seine : voir Pierre Alexandre, *Le climat en Europe au Moyen Âge...*, Paris : ÉHÉSS, 1987, p. 373.]

115. Étienne de Bourbon, ms. cité, f° 264 [Lecoy 186; Tubach 4412; J. Berlioz, « 'Quand dire c'est faire dire'. *Exempla* et confession chez Étienne de Bourbon († vers 1261) », dans *Faire croire. Modalités de la diffusion et de la réception des messages religieux du XIII<sup>e</sup> au XV<sup>e</sup> siècle*, Rome : École française de Rome, 1981, p. 299-335].

116. Pierre de Limoges, Paris, Bibl. nat., ms. lat. 16 482. [Il s'agit de l'extrait d'un sermon du franciscain Jacques de Provins, dans la paroisse de Saint-Paul à Paris, en septembre 1273. Il est à noter que les cas de guérisons miraculeuses de la lèpre sont très rares au Moyen Âge.]

117. Étienne de Bourbon, ms. cité, f° 262 [Lecoy 185; Tubach 4238; voir ci-dessous, n° 118].

118. Pierre de Limoges, Paris, Bibl. nat., lat. 16482. Sur les interruptions des auditeurs durant le sermon, voir *La chaire française au moyen âge*, par Albert Lecoy de la

Marche, 2ᵉ éd., Paris, 1886, p. 216 et suiv. [voir aussi
J. Berlioz, « L'auditoire des prédicateurs dans la littérature
des *exempla* (XIIIᵉ-XIVᵉ siècles) », dans *Medioevo e
Rinascimento*, 3, 1989, p. 125-158. L'histoire est racontée
par le dominicain Nicolas de Gorran (ou du Mans) dans
un sermon. Nicolas dit la tenir de la dame noble qu'il
connaît; Le frère s'appelait Guillaume et était un « grand
maître ». Nicolas de Gorran est prieur de Saint-Jacques en
1276; confesseur du prince Philippe, fils de Philippe le
Hardi, il le resta jusque vers 1287-1288; il mourut vers
1295 (voir N. Bériou, « La prédication au béguinage de
Paris pendant l'année liturgique 1272-1273 », dans
*Recherches augustiniennes*, 13, 1978, p. 174).]
    **119.** Jacques de Vitry, ms. cité, fᵒ 77 [Crane 95; Tubach
3020]. Ce trait, qui se trouve chez un grand nombre d'auteurs du Moyen Âge, a engendré toute une famille de
légendes similaires. [On la retrouve dans nombre de vies
de saintes, comme Élisabeth de Hongrie, morte en 1231.]
    **120.** Jacques de Vitry, ms. cité, fᵒ 76 [Crane 93; Tubach
2246]. Étienne de Bourbon (fᵒ 239 [Lecoy] place la scène
sous le portique, et non dans le clocher. [Le pélisson :]
Manteau de dessous. [La secrète est une oraison de la
messe, qui se dit à voix basse, et termine l'offertoire.]
    **121.** Ms. 468 de la Bibl. mun. de Tours, fᵒ 13. [Rocamadour (France, Lot) accueillait depuis le XIIᵉ siècle de
nombreux pèlerins venus se recueillir devant la statue de
la « Vierge noire »; s. Louis s'y rendit en 1244. Voir
A. Dupront, « Les sacralités de Rocamadour », dans *Saint
Louis pèlerin et le pèlerinage de Rocamadour au XIIIᵉ
siècle*, Rocamadour, 1973, p. 183-207; J. Rocacher, *Rocamadour et son pèlerinage : étude historique et archéologique*, Toulouse : Privat, 1979, 2 vol.]
    **122.** Jacques de Vitry, ms. cité, fᵒ 139 [Crane 238;
Tubach 3969; W. Deonna, « La légende de Pero et de
Micon et l'allaitement symbolique », dans *Latomus*, 13,
1954, p. 140-160, 356-375; Romi, *Mythologie du sein*,
Paris : Jean-Jacques Pauvert, 1965, p. 23-48; J. Berlioz,
« Il seno nel Medioevo tra erotismo e maternità », dans
*Storia e dossier*, anno II, nᵒ 12, novembre 1987, p. 40-
44].
    **123.** Étienne de Bourbon, ms. cité, fᵒ 512 [Lecoy 460;

Tubach 5262; Gerlinde Huber, *Das Motiv der « Witwe von Ephesus » in lateinischen Texten der Antike und des Mittelalters*, Tübingen : Gunter Narr Verlag, 1990]. On remarquera la différence que ce récit présente avec ceux de Pétrone, de Phèdre et de divers conteurs. Jacques de Vitry reproduit à peu près de la même façon cette célèbre satire de l'inconstance des femmes venues du fond de l'Orient (f° 137 [Crane 232]). Dans le recueil d'exemples de la Bibliothèque mun. de Tours 468, l'anecdote se termine ainsi : » Le soldat et la femme déterrent le mort. En le transportant, le premier s'écrie : Mais le pendu n'avait qu'un pied! — Eh bien! Coupons-lui le pied. Un instant après : Mais l'autre n'avait qu'un œil! — Eh bien! Arrachons-lui l'œil. Au bout d'une minute : Mais il était chauve! — Alors épilons-le. On peut juger par là du degré de confiance que mérite la fidélité des femmes (f° 173).

**124.** Étienne de Bourbon, ms. cité, f° 522 [Lecoy 469; Tubach 3547]. [Sur les bains publics (ou étuves) comme lieux de rendez-vous galants, voir Jacques Rossiaud, *La prostitution médiévale*, Paris : Flammarion, 1988.]

**125.** Jacques de Vitry, ms. cité, f° 142 [Crane 255; Tubach 4035]; Étienne de Bourbon, ms. cité, f° 627 [Lecoy 502]. L'auteur de *Don Quichotte* [II, 45] a utilisé cette vieille tradition.

**126.** Robert de Sorbon, Paris, Bibl. nat., ms. lat. 15034, f° 108. Il doit s'agir ici de saint Louis en personne et de la reine Marguerite sa femme. Voir A. Lecoy de la Marche, *La chaire française au moyen âge*, 2e édition, p. 385. [C'est un des nombreux sermons de Robert de Sorbon sur le mariage. Lecoy arrange quelque peu le texte... Dans la version originale, Robert écrit : « Quid erit de hoc quod dicit Apostolus quod uxor debet facere quod placeat viro suo et e converso? Ad hoc docuit quidam princeps solvere dominum regem Francie [...] »; sur le thème de l'époux idéal au XIIIe siècle, voir Nicole Bériou et David L. D'Avray, « The Image of the Ideal Husband in Thirteenth Century France », dans *Revue Mabillon*, n. s., 1 (62), 1990, p. 111-141.]

**127.** Étienne de Bourbon, ms. cité, f° 356 [Lecoy 288; Tubach 4798]. [Sur le frère Dominique, voir *Saint Dominique et ses frères. Évangile ou croisade?* Textes du XIIIe siècle présentés par M.-H. Vicaire, Paris : Cerf, 1967, p. 71, 89-91. L'abbaye de Saint-Antoine fut fondée en 1198 à Paris — en 1208 elle adopta la règle cistercienne — pour les prostituées converties par Foulques de Neuilly; quant à la comtesse de Montfort, il s'agit sans doute de l'épouse de Simon de Montfort (v. 1160-1218)].

**128.** Étienne de Bourbon, ms. cité, f° 356 [Lecoy 289; Tubach 2394]. Il s'agit sans doute de l'empereur d'Allemagne Henri VI [1190-1197], père de [l'empereur] Frédéric II. [Voir J. Berlioz, « *Exempla* : discussion and a case study. I. *Exempla* as a Source for the History of Women », dans *Medieval Women and the sources of medieval history*, ed. Joel T. Rosenthal, Athens and London : The University of Georgia Press, 1990, p. 37-50, 62-65.]

**129.** Étienne de Bourbon, ms. cité, f° 349 [Lecoy 273; Tubach 813, 2959].

**130.** Étienne de Bourbon, ms. cité, f° 350 [Lecoy 275; Tubach 1425; Berlioz, p. 24-25]. [Étienne de Cudot (près de Villeneuve-sur-Yonne, fut chanoine à Notre-Dame de Paris; en 1230-1231, il était maître en théologie à Paris. Il devint ensuite simple curé de Vermenton (Yonne), bourg situé à une vingtaine de kilomètres au sud-est d'Auxerre. Il se retira à la fin de sa vie dans une des maisons de l'ordre des chanoines réguliers du Val-des-Écoliers (Haute-Marne) fondé au début du XIIIᵉ siècle. Il mourut le 22 novembre 1250. Sur la danse : J.-Cl. Schmitt, *La raison des gestes dans l'Occident médiéval*, Paris : Gallimard, 1990.]

**131.** Étienne de Bourbon, ms. cité, f° 352 [Lecoy 280; Tubach 5215; M. A. Polo de Beaulieu, « La condamnation des soins de beauté par les prédicateurs du Moyen âge », dans *Les Soins de beauté. Moyen âge, Début des temps modernes*, Nice : Université de Nice, 1987, p. 297-309].

**132.** Jacques de Vitry, ms. cité, f° 84 [Crane 107; Tubach 4356].

**133.** Étienne de Bourbon, ms. cité, f° 319 [Lecoy 245; Tubach 5361].

**134.** Ms. 468 de la Bibl. mun. de Tours, f° 174. Jacques de Vitry donne une version différente de la même histoire (f° 139 [Crane 237; Tubach 3760]) : elle commence par une dispute entre le mari et la femme à propos de la manière d'accomoder un lièvre. On connaît encore d'autres variantes. Cf. aussi le n° 14.

**135.** Étienne de Bourbon, ms. cité, f° 317-318 [Lecoy 239-244; Tubach 4353; 5368; 5369; 5284; 2043; 5285]. Jacques de Vitry donne aussi une partie de ces traits plaisants, ainsi que Marie de France, Le Pogge et plusieurs autres. La Fontaine les a utilisés pour ses fables (III, 16 [« La femme noyée »]).

**136.** Étienne de Bourbon, ms. cité, f° 512 [Lecoy 458; Tubach 1803].

**137.** Ms. 468 de la Bibl. mun. de Tours, f° 176.

**138.** Étienne de Bourbon, ms. cité, f° 413 [Lecoy 368; Tubach 1751; Laurence Harf-Lancner, *Les fées au Moyen Âge. Morgane et Mélusine. La naissance des fées*, Paris : Champion, 1984 (voir *Romania*, 105, 1984, p. 370-382); Claude Lecouteux, Philippe Marcq, *Les esprits, les morts, croyances médiévales*, Paris : H. Champion, 1990, p. 23-26]. [Sur les bonnes choses :] Nom populaire des sorcières, qui paraît forgé sur une corruption du mot *bona socia* (*bone soze, bensozia* dans Du Cange [*Glossarium mediae et infimae latinitatis...*, Paris : Didot, 1840, 1, p. 656]).

**139.** Étienne de Bourbon, ms. cité, f° 411 [Lecoy 363; Tubach 4514].

**140.** Étienne de Bourbon, ms. cité, f° 442 [Lecoy 394; Tubach 637].

**141.** Pierre de Limoges, Paris, Bibl. nat., ms. lat. 3234. *Histoire littéraire de la France*, Paris, XXVI, [1873], p. 465. Suivant une vieille coutume populaire, le nom de Martin semble ici désigner l'âne. [Alain de Lille, théologien, prédicateur et poète. Penseur original et fécond.] Mort vers 1202 [en 1203].

**142.** Jacques de Vitry, ms. cité, f° 32 [Crane 31; Tubach 1103, 2774; le distique latin : *Linquo coax ranis, cras corvis vanaque vanis / Ad logicam pergo quae mortis non timet ergo.*]; Étienne de Bourbon, ms. cité, f° 140 [Lecoy 9]. D'autres contemporains attribuent le fait au poète Serlon [de Wilton], qui jouissait à cette époque d'une certaine célébrité, et à un de ses disciples nommé Richard. Cette anecdote a beaucoup d'analogie avec une légende rapportée [à la fin du XII<sup>e</sup> siècle] par [H]élinand, moine

de Froidmont, [dans le Beauvaisis] qui avait été troubadour, sur deux clercs nantais de Philippe Iᵉʳ, dont l'un
apparut à l'autre après sa mort et lui brûla le front par
une seule goutte de l'humeur sortie de son ulcère (ms. lat.
14 591 de la Bibl. nat. [de Paris], f° 21). [Voir Dom
J. Leclercq, « Virgile en enfer d'après un manuscrit d'Aul-
ne », dans *Latomus*, 17, 1958, p. 731-736; J. Berlioz,
« Virgile dans la littérature des *exempla* (XIIIᵉ-XVᵉ siècles) », dans *Lectures médiévales de Virgile*, Rome : École
française de Rome, 1985, p. 76-77; B. Munk Olsen, éd.,
*Dits en quatrains monorimes de Jehan de Saint-Quentin*,
Paris : Société des anciens textes français, 1978, p. XLII-
XLIV (« Le dit des .II. Chevaliers »); Cl. Lecouteux, *Fan-
tômes et revenants au Moyen Âge*, Paris : Imago, 1986, p.
120-121 (sur la *Relation de Reun*, récit en latin écrit vers
1180-1200 et qui propose un récit proche).]

**143.** Robert de Sorbon, Paris, Bibl. nat., ms. lat. 15971
[Tubach 608? Voir ci-dessus, n° 2]. À rapprocher du trait
de cet orateur qui perdit la mémoire en chaire au moment
où il allait parler contre l'existence de Dieu, et de celui du
prédicateur qui devint muet pour avoir omis d'invoquer la
sainte Vierge au début de son sermon. Voir [A. Lecoy de
la Marche], *La chaire française au moyen âge*, 2ᵉ édition,
p. 294. [Simon de Tournai arriva à Paris avant 1155 après
avoir suivi l'enseignement des maîtres de l'école cathédrale
de Tournai; il fut l'élève d'Odon de Soissons. Il enseigna
la théologie à Paris jusqu'en 1201; il avait la réputation
d'être le maître le plus brillant de Paris. D'une érudition
très vaste, d'une dialectique très subtile, d'une clarté lim-
pide, ses « disputes » attirait un vaste public. Ne péchant
pas par la modestie, affectionnant les boutades, les para-
doxes, les mots d'esprit, il prêtait le flanc à la critique (on
l'accusa d'entretenir une concubine). La maladie le frappa
en pleine gloire : il devint brusquement muet. Châtiment
divin, selon certains auteurs : punition de son incrédulité
pour Giraud de Barri, châtiment de sa présomption et de
son orgueil, selon Mathieu Paris, celui de son blasphème
et de sa luxure, selon Thomas de Cantimpré. Maître
populaire, bien que controversé, ce fut, à certains égards,
un « nouvel Abélard », qui eut aussi des problèmes de
carrière à Paris (voir P. Glorieux, art. « Simon de Tour-

nai », dans *Dictionnaire de théologie catholique*, 14/2, 1941, col. 2124-2130; S. Ferruolo, *The Origins of the University. The Schools of Paris and their critics, 1100-1215*, Stanford (California) : Stanford University Press, 1985, p. 194).]

**144.** Étienne de Bourbon, ms. cité, f° 291 [Lecoy 211; Tubach 3422]. Cet événement est historique. La Chute du Mont-Grenier [on dit actuellement Granier], dont il est question ici, arriva le 24 novembre 1248 [cette date est désormais mise en cause] et détruisit, en effet, seize hameaux, avec la petite ville de Saint-André, dont les ruines sont encore ensevelies sous la masse de rochers appelés les *Abîmes de Myans*. [Voir J. Berlioz, « L'effondrement du Mont Granier en Savoie (fin 1248). Production, transmission et réception des récits historiques et légendaires (XIIIᵉ-XVIIᵉ siècles) », dans *Le Monde alpin et rhodanien. Revue régionale d'ethnologie*, n° 1/2, 1987, p. 7-68; Albert Pachoud, « Une montagne insolite : le Mont Granier (1933 m) », dans *Bulletin de l'association des Amis de Montmélian et de ses environs*, n° 46, juin 1991, p. 26-30)] [Sur la cour pontificale à Lyon :] Innocent IV séjourna à Lyon de 1245 à 1251 [voir René Fédou, *Les Papes du Moyen Âge à Lyon*, Lyon : Éd. Lyonnaises d'art et d'histoire, 1988, p. 42-65].

**145.** Arnoul d'Humblières ou d'Humblonnières, Paris, Bibl. nat., ms. lat. 16 481, f° 179 [Ranulphe de la Houblonnière, *Sermo* 9 (éd. citée ci-dessus, sous le n° 39, 2, p. 114, l. 191-233)]. Le narrateur dit avoir entendu raconter cette curieuse histoire la première année qu'il se trouvait à Paris [vers 1260 ?]. [Ranulphe est né en Normandie vers 1225. Il fait des études de théologie à Paris et devient probablement maître en théologie dès 1260. Curé de Saint-Gervais depuis 1267 au moins, il est chanoine de l'église cathédrale de Paris en 1273 au plus tard et figure alors parmi les proches collaborateurs de l'évêque Étienne Tempier, jusqu'à la mort de ce dernier en septembre 1279. Le pape Nicolas III le désigne en 1280 comme évêque de Paris. Il se révèle un bon administrateur et un excellent pasteur. Il meurt le 21 novembre 1288.]

**146.** Étienne de Bourbon, ms. cité, f° 199 [Lecoy 86; Tubach 4028, 4690]. Cf. La légende intercalée dans la

biographie populaire d'Ésope. [Xantus, à la suite d'un
pari, se vante de pouvoir boire la mer toute entière. Mais,
le jour venu, sur les conseils d'Ésope, il déclare vouloir
boire la mer mais non les fleuves qui s'y jettent : que l'on
détourne donc leur cours. Xantus se tira avec honneur
d'un bien mauvais pas (La Fontaine, *La Vie d'Ésope le
Phrygien*, dans *Fables*, éd. G. Couton, Paris : Garnier,
1962, p. 21-22).] [Sur la parole sur le centre et le milieu
de la terre :] Cette parole semble venir à l'appui des témoi-
gnages que j'ai produits ailleurs sur la croyance des
contemporains de saint Louis à la rotondité de la terre.
(Voir *Le treizième siècle littéraire et scientifique*, Paris,
2ᵉ éd., 1894, p. 306.) [Le Moyen Âge n'a jamais mis en
doute la rotondité de la terre : il s'agit d'un mythe anti-
médiéval hélas bien enraciné; voir Patrick Gautier Dalché,
« Une nouvelle carte du monde », dans *L'Histoire*, 146,
juillet-août 1991, p. 28-35.]

**147.** Étienne de Bourbon, ms. cité, fᵒ 411 [Lecoy 360;
Tubach 741].

**148.** Étienne de Bourbon, ms. cité, fᵒ 369 [Lecoy 298;
Tubach 3427]. Le narrateur dit avoir entendu raconter cet
exemple à Nicolas de Flavigny, archevêque de Besançon
[1227-1235]. [Le vers latin cité : *Nitimur in vetitum
semper cupimusque negatum*, est tiré d'Ovide, *Amores*, 3,
4, 17.]

**149.** Étienne de Bourbon, ms. cité, fᵒ 394 [Lecoy 328;
Tubach 81].

**150.** Thomas de Cantimpré, *Bonum univers[ale] de
apibus*, I, 23 [éd. Douai, 1627, p 93-94]. Cf. Le mémoire
de M. Ch. Jourdain sur *l'Éducation des femmes* [*Mémoire
sur l'éducation des femmes au Moyen Âge. Excursions
historiques et philosophiques à travers le Moyen Âge*,
Paris, 1888].[On aura remarqué l'intérêt documentaire de
ce récit à propos de la fréquentation d'écoles de village
par les filles, et leur accès à la lecture (voir Georges Duby
et Michelle Perrot, dir., *Histoire des femmes en Occident*,
2, *Le Moyen Âge*, Paris : Plon, 1991, p. 412-437). Sur le
psautier, voir N. Bériou, J. Berlioz et J. Longère, dir., *Prier
au Moyen Âge, Pratiques et expériences (Vᵉ-XVᵉ siècles)*,
Turnhout : Brepols, 1991]. [Thomas de Cantimpré, né
vers 1201 près de Bruxelles, d'une noble famille braban-

çonne, devient vers 1217 chanoine régulier augustin à l'abbaye de Cantimpré, près de Cambrai. Vers l'âge de 30 ans, il entre à Louvain chez les dominicains. Il vit et étudie à Cologne et à Paris. En 1246, il revient à Louvain, où il remplit les fonctions de sous-prieur et de lecteur. Il meurt vers 1270. Il compose entre 1222/25 et 1237/40 une encyclopédie, *Le Livre de la nature des choses* (*Liber de natura rerum*), qui inspire tout au long du Moyen Âge nombre d'auteurs. Il rédige entre 1256 et 1263, probablement à Paris, le *Bien universel fondé sur la vie des abeilles* (*Bonum universale de apibus*), traité de morale pratique sur les obligations des prélats et de leurs subordonnés, fondé sur la moralisation des propriétés des abeilles et truffé d'*exempla* — au nombre de 373 — tirés tant de faits et d'événements appartenant à son expérience et à ses souvenirs que de sources écrites. Ce recueil a eu un succès considérable jusqu'au XVIIᵉ siècle auprès des prédicateurs et des moralistes.]

# LECTURES COMPLÉMENTAIRES

## Les récits exemplaires du Moyen Âge

Jean-Thiébaut Welter [1877-1955], *L'Exemplum dans la littérature religieuse et didactique du Moyen Âge*, Paris-Toulouse, 1927 [reprint, Genève : Slatkine, 1973]; *Rhétorique et histoire. L'exemplum et le modèle de comportement dans le discours antique et médiéval*, Rome : École française de Rome, 1980; Claude Bremond, Jacques Le Goff et Jean-Claude Schmitt, *L'« Exemplum »*, Turnhout : Brepols, 1982 (Typologie des sources du Moyen Âge occidental, 40); Louis Jacques Bataillon, « *Similitudines* et *exempla* dans les sermons du XIIIᵉ siècle », dans *The Bible in the Medieval World : Essays in memory of Beryl Smalley* (Studies in Church History, Subsidia 4), éd. K. Walsh and D. Wood, Oxford : B. Blackwell, 1985, p. 191-215; *id.*, « Les images dans les sermons du XIIIᵉ siècle », dans *Freiburger Zeitschrift für Philosophie und Theologie*, 37, 1990, p. 327-395; J. Berlioz, « Les recherches en France sur les *exempla* médiévaux, 1968-1988 », dans *Exempel und Exempelsammlungen*, éd. Walter Haug und Burghart Wachinger, Tübingen : Max Niemeyer Verlag (Fortuna vitrea, Arbeiten zur literarischen Tradition zwischen dem 13. und 16. Jahrhundert, 2), 1991, p. 288-317; J. Berlioz et Marie Anne Polo de Beaulieu, dir., *Les exempla médiévaux. Introduction à la recherche...*, Carcassonne : GARAE/Hésiode [91, rue Jules-Sauzède, 11000 Carcassonne], 1992.

## Récits exemplaires traduits en français.

*Prêcher d'exemples. Récits de prédicateurs du Moyen Âge* présentés par J.-Cl. Schmitt, Paris : Stock/Moyen Âge, 1985 ; Hermann Hesse, *Histoires médiévales*, Monaco : Éditions du Rocher, 1985 [éd. allem. 1976] ; *Formes médiévales du conte merveilleux*, dir. J. Berlioz, Cl. Bremond, Catherine Velay-Vallantin, Paris : Stock/Moyen Âge, 1989 ; J. Berlioz, *Saints et damnés. La Bourgogne du Moyen Âge dans les récits d'Étienne de Bourbon, inquisiteur (1190-1261)*, Dijon : Les Éditions du Bien Public [7, bd Kir, 21000 Dijon], 1989 ; *Prier au Moyen Âge, Pratiques et expériences (V*ᵉ*-XV*ᵉ *siècles)*, dir. N. Beriou, J. Berlioz et J. Longère, Turnhout : Brepols, 1991) (Témoins de notre histoire).

## La prédication au XIIIᵉ siècle.

Marie-Madeleine Davy, *Les Sermons universitaires parisiens de 1230 à 1231. Contribution à l'histoire de la prédication médiévale*, Paris : Vrin, 1931 ; Michel Zink, *La Prédication en langue romane avant 1300*, Paris : Champion, 1976 [2ᵉ éd., 1982] (Nouvelle Bibliothèque du Moyen Âge, 4) ; Jean Longère, *La prédication médiévale*, Paris : Études augustiniennes, 1983 ; J. Le Goff et J.-Cl. Schmitt, « Au XIIIᵉ siècle, une Parole nouvelle », dans *Histoire vécue du peuple chrétien*, dir. J. Delumeau, Toulouse : Privat, 1979, p. 257-278 ; David L. d'Avray, *The Preaching of the Friars. Sermons diffused from Paris before 1300*, Oxford : Clarendon Press, 1985 ; N. Bériou, *La Prédication de Ranulphe de la Houblonnière. Sermons aux clercs et aux simples gens à Paris au XIIIᵉ siècle*, Paris : Études augustiniennes, 1987, 2 vol. ; *Dal pulpito alla navata. La predicazione medievale nella sua recezione da parte degli ascoltarori (secc. XIII-XV).* Convegno internazionale in memoria di Zelina Zefarana, Firenze, 5-7 giugno 1986, dans *Medioevo e Rinascimento*, 3, 1989 ; Marie-Paule Champetier, « Faits et gestes du prédicateur dans l'iconographie du XIIIᵉ au début du XVᵉ siècle », dans *Médiévales*, nᵒˢ 16-17, 1989, p. 197-208 ; Hervé

Martin, « L'Église éducatrice. Messages apparents, contenus sous-jacents », dans *Éducations médiévales. L'enfance, l'école, l'Église en Occident (VIe-XVe siècles)*, sous
la direction de Jacques Verger, n° spécial de *Histoire de
l'Éducation*, n° 50, mai 1991, p. 91-117; L. J. Bataillon,
*La prédication au XIIIe siècle. Études et documents*, à
paraître à Londres : Variorum reprints, 1993.

## La vie religieuse au XIIIe siècle en Occident

André Vauchez, *Les Laïcs au Moyen Âge. Pratiques et
expériences religieuses*, Paris : Le Cerf, 1987; J. Le Goff et
René Rémond, dir., *Histoire de la France religieuse*, 1,
Paris : Seuil, 1988; Monique Bourin-Derruau, *Temps
d'équilibres, temps de ruptures. XIIIe siècle*, Paris : Seuil,
1990 (Nouvelle histoire de la France médiévale, 4; Points-
Histoire, 204); *Histoire du christianisme des origines à
nos jours*, T. VI. *Un temps d'épreuves (1274-1449)*, dir.
Michel Mollat du Jourdin et A. Vauchez, Paris : Desclée /
Fayard, 1990 (sur la prédication, p. 355-395).

## Le rire au Moyen Âge

Philippe Ménard, *Le rire et le sourire dans le roman
courtois en France au Moyen Âge (1150-1250)*, Genève :
Droz, 1969; Mikhaïl Bakhtine, *L'œuvre de François
Rabelais et la culture populaire au Moyen Âge et sous la
Renaissance*, Paris : Gallimard, 1988 [trad. fr., 1970] (Tel,
70); *Contes pour rire. Fabliaux des XIIIe et XIVe siècles*,
traduits par Nora Scott, Paris : UGÉ, 1977 (10-18, 1147);
Siegfried Wenzel, « The joyous Art of Preaching; or, the
Preacher and the Fabliau », dans *Anglia*, 97, 1979, p.
304-325; Claude Gaignebet et Jean-Dominique Lajoux,
*Art profane et religion populaire au Moyen Âge*, Paris :
PUF., 1985; J. Le Goff, « Rire au Moyen Âge », dans
*Cahiers du Centre de recherches historiques*, 3, 1989,
p. 1-14; J. Berlioz, « Culture "populaire" et littérature
bourgeoise », dans *Grand atlas des littératures*, Paris :
Encyclopaedia universalis, 1990, p. 354-355.

# ALBERT LECOY DE LA MARCHE
# (1840-1897)

L'humoriste américain Ambrose Bierce (1842-1914), dans son *Dictionnaire du diable*, a défini ainsi l'érudition : « Poussière tombant d'un livre dans un crâne vide ». La démarche d'Albert Lecoy de la Marche fut aux antipodes d'une telle conception. Car aux travaux érudits, il a toujours tenu à associer ouvrages de synthèse et livres de vulgarisation. Certes, pour ce très catholique savant, science rimait avec conscience et toute recherche devait tendre en dernier lieu à l'édification morale. Mais la haute tenue des travaux scientifiques de Lecoy fit que ses ouvrages destinés à un vaste public, et qui étaient le reflet de son immense érudition, sont d'une qualité telle qu'ils sont encore pour la plupart lisibles aujourd'hui.

## Archiviste-paléographe

Albert Lecoy de la Marche est un représentant typique de cette génération d'anciens élèves de l'École des chartes (créée à Paris en 1821) qu'on peut appeler celle du concile de Vatican I : tournée vers Rome, légitimiste, très polémiste, engagée dans la lutte contre les « rationalistes » de la *Revue critique* ou de la *Revue historique*, comme Paul Meyer, Gaston Paris ou Gabriel Monod. Cette génération dont les ténors sont Léon Gauthier, Henri de l'Épinois et Lecoy de la Marche lui-même, prospère sous la houlette du marquis de Beaucourt au sein de la *Revue des Questions historiques*. Elle se caractérise par son éclectisme, par son goût de la littérature apologétique et de la vulgarisation à l'intention tant du public cultivé et bien pensant que de la jeunesse à travers les livres d'étrennes et de prix (chez Mame notamment).

Albert — son véritable prénom est en fait Richard-Albert... — Lecoy de la Marche obtient son diplôme d'archiviste-paléographe en 1861, après avoir soutenu sa thèse sur la valeur documentaire de *L'Histoire des Francs* de Grégoire de Tours. Il y démontre — non sans exagération — que, à défaut de sources historiques écrites, Grégoire a puisé dans les épopées et les légendes. Ce qui lui vaut conflits et polémiques, en particulier avec le protestant et républicain Henri-Léonard Bordier. Il est nommé premier archiviste du département de la Haute-Savoie (annexée à la France un an plus tôt, en 1860) d'où il passe, trois ans plus tard, aux Archives de l'Empire, à Paris. Entré en 1882 dans la section historique des Archives nationales (il était auparavant à la section administrative), il en devient le sous-chef en 1892. Il y restera jusqu'à sa mort, le 22 février 1897. Une attaque cardiaque, survenue dix-huit mois auparavant, l'avait gravement diminué.

Son œuvre scientifique, d'une remarquable qualité, est abondante. Il mène de front ses fonctions d'archiviste et sa vocation d'érudit, supportant non sans impatience ses charges professionnelles. Campardon, dans ses *Souvenirs*, note que Lecoy de la Marche était un « excellent historien, mais archiviste peu zélé qui reprochait [à son chef de section Goschler] avec amertume le temps qu'on lui faisait perdre en exigeant de lui une ou deux recherches par mois ». Mais Lecoy de la Marche n'en publie pas moins l'inventaire des titres de la maison ducale de Bourbon, analyse le fonds de l'abbaye de Savigny, dépouille le supplément du Trésor des chartes, et inventorie les titres de la maison d'Anjou. Lecoy de la Marche, en fait, se complaît dans les travaux de longue haleine : il était, écrit l'abbé Thédenat dans son panégyrique, « immuable dans ses croyances, courageux et doux à la fois devant les difficultés, infatigable à travailler ».

## Une œuvre scientifique éclectique

De l'œuvre scientifique de Lecoy de la Marche, trois traits se dégagent : 1) le chartiste qu'il est ne conçoit pas d'écrire des ouvrages généraux sans établir parallèlement des éditions critiques de textes historiques et littéraires; 2) ses centres d'intérêt sont divers; 3) toute recherche doit déboucher sur sa vulgarisation.

L'un des grands sujets d'étude de Lecoy de la Marche est la recherche et l'interprétation des documents relatifs à l'histoire de l'art. Il publie en 1872 les *Extraits des comptes et mémoriaux du roi René pour servir à l'histoire des arts au XVᵉ siècle*, ouvrage qui lui sert de base pour rédiger deux imposants volumes : *Le Roi René, sa vie, son administration, ses travaux artitisques et littéraires*, Paris, 1875. Cette étude fournie et originale sur René Iᵉʳ le Bon (1409-1480), duc d'Anjou et roi de Provence, poète et mécène, assoit sa notoriété et lui vaut le grand prix Gobert à l'Académie des inscriptions et belles-lettres. Il donnera aussi divers essais sur l'Académie de France à Rome (1874), les sceaux (1889), les manuscrits et la miniature (1884), la peinture religieuse (1892).

L'histoire de la diplomatie le retient également : en 1892, il publie deux volumes consacrés aux *Relations politiques de la France avec le royaume de Majorque*, qui contiennent, comme commentaire à de nombreux documents inédits rassemblés en France et en Espagne, un récit coloré des vicissitudes, peu connues jusque là, des îles Baléares au Moyen Âge. Mais comme il le dit lui-même dans une de ses préfaces, il cherche à tirer des documents un récit suivi, et « faire, dit-il, une gerbe agréable et solide, plutôt qu'une masse informe et sans cohésion, un livre à lire plutôt qu'une compilation à consulter ».

Lecoy de la Marche est également attiré par la critique historique mise au service des textes français et latins. Il publie en 1866 les *Coutumes et péages de Sens*, texte français du début du XIIIᵉ siècle et, en 1888 le *Mystère de saint Bernard de Menthon* (souvenir haut-savoyard...) dans la prestigieuse collection publiée par la Société des anciens textes français. On lui doit aussi un texte, transcrit en français moderne, de la *Vie de Jésus Christ compo-*

sée au XVe siècle d'après Ludolphe le Chartreux (1870).
En 1867, il donne pour la collection de la Société de l'Histoire de France, les œuvres complètes de l'abbé de Saint-Denis Suger (mort en 1151), régent du royaume lors du départ du roi Louis VII pour la croisade.

## Une passion : la prédication au Moyen Âge

Mais l'aspect le plus novateur de son œuvre est sans conteste celui qui concerne la prédication médiévale. En 1868, il publie un livre, La Chaire française au moyen âge, spécialement au XIIIe siècle d'après les manuscrits contemporains, qui, fondé sur des sources généralement inédites, s'avère profondément original. Lecoy de la Marche s'intéresse au contenu des sermons et aux manuscrits qui les contiennent, aux prédicateurs eux-mêmes, à leur façon de prêcher, à leur gestuelle, aux lieux où ils se produisent; mais il aborde aussi la question de l'auditoire et de son attitude face au sermon. Lecoy de la Marche dégage également de façon très moderne les traits de la société qui apparaissent d'après les sermons. Dès cet ouvrage, il souligne tout l'intérêt des récits exemplaires. Et il n'est pas surprenant de le voir publier, en 1877, dans la collection de la Société de l'Histoire de France, les Anecdotes historiques, légendes et apologues, tirés du recueil inédit d'Étienne de Bourbon, dominicain du XIIIe siècle. Certes l'édition est partielle : Lecoy de la Marche ne fournit que les récits tirés de l'expérience directe du dominicain ou ceux que celui-ci a entendu raconter. N'oublions pas que son édition s'inscrit dans les très patriotiques publications de la Société de l'Histoire de France : « J'avais à faire, écrit-il, un volume de documents historiques : j'ai donc pris tout ce qui pouvait intéresser l'histoire, c'est-à-dire la plus grande et la meilleure partie de l'ouvrage, et, pour ainsi dire, sa moelle ». Mais il a eu l'intuition et l'intelligence de donner au début de chaque exemplum retenu un fragment du texte théologique qui lui donne son sens. Cela lui fut reproché : Barthélemy Hauréau écrit dans le Journal des savants, en 1881, à propos des récits édités par Lecoy de la Marche : « On pourra même s'épargner d'en lire les prologues et les épilogues où se trouvent les leçons de morale. Si ces leçons sont généralement bonnes la forme en a beaucoup vieilli. Nous souhaitons qu'on ne s'y arrête pas. Quelques unes sont, en effet, données en des termes vraiment ridicules, et il ne faut jamais que la morale prête à rire. » Les érudits régionaux sont plus compréhensifs : P. Bonnassieux note, dans la *Revue du Lyonnais*, en 1878, « l'immense variété de renseignements qu'il [Étienne de Bourbon] nous donne sur la vie privée du moyen âge ».

## Le goût de la vulgarisation

Mais comme le note M. Babelon lors de la mort de Lecoy de la Marche : « Érudit de profession, Lecoy de la Marche voulut viser le grand public; il eut le talent de l'atteindre et de mettre à sa portée des découvertes scientifiques, qui seraient vaines et inutiles si elles devaient rester l'apanage des savants qui les ont faites. » En 1881, Lecoy de la Marche publie à Tours, chez Mame et fils, un *Saint Martin*, qui aura le plus grand succès, puisqu'il sera réédité en 1890 et 1920. En 1887, toujours chez Mame et fils à Tours, il donne un *Saint Louis, son gouvernement et sa politique*, qui sera réimprimé six fois, entre 1889 et 1924. Et en 1888 (si l'on en croit le *Catalogue général des ouvrages imprimés de la Bibliothèque nationale* à Paris — Paris, t. 112, 1928, p. 236 — car l'ouvrage ne comporte pas de mention de date) à Paris, chez C. Marpon et E. Flammarion, éditeurs spécialisés dans la vulgarisation scientifique (Ernest Flammarion avait débuté en 1867 avec *L'Astronomie populaire* de son frère Camille) un petit volume in-18, de XVIII-306 pages, au titre aujourd'hui désuet, mais témoin d'une certaine bonhommie bourgeoise : *L'Esprit de nos aïeux. Anecdotes et bons mots tirés des manuscrits du XIIIe siècle*. « Délassement au milieu de travaux plus sérieux », déclare pudiquement Lecoy de la Marche dans sa préface. En fait, l'érudit archiviste — c'est un pléonasme — traduit du latin plus de cent cinquante récits qu'il connaît bien et qu'il tire (à l'exception du traité d'Étienne de Bourbon qu'il a donc édité dix ans plus tôt) d'œuvres inédites. C'est ce livre qui est ici publié de nouveau. Lecoy de la Marche ne s'arrêtera pas en cette voie. Il publie ainsi en 1894 *La France sous saint Louis et sous Philippe le Hardi* dans la Bibliothèque d'histoire illustrée, aux Librairies-Imprimeries Réunies, à Paris.

Non content d'exhumer des textes en les éditant de façon critique, comme l'École des chartes le lui avait enseigné, Albert Lecoy de la Marche s'en est servi comme matériaux pour élaborer de savantes synthèses, qu'il écrivit avec soin, dans un souci manifeste de procurer du plaisir au lecteur; enfin, ce polémiste a souhaité œuvrer pour le grand public (même si cette démarche relève d'une claire volonté d'apologétique), en proposant la traduction de textes dormant encore dans les bibliothèques, mais bien vivant dans ses dossiers.

J. Berlioz

À lire sur Albert Lecoy de la Marche : « Obsèques de M. Lecoy de la Marche », dans *Bibliothèque de l'École des chartes*, 58, 1897, p. 4-13; Jean Le Pottier, « Histoire et érudition : recherches et documents sur l'histoire et le rôle de l'érudition médiévale dans l'historiographie française du XIX^e siècle », dans *Positions des thèses...*, Paris : École nationale des chartes, 1979, p. 75-82.

D'Albert Lecoy de la Marche lui-même ont été réimprimés en fac-similé : *Le Roi René, sa vie, son administration, ses travaux artitisques et littéraires*, Genève : Slatkine, 1969, 2 vol., 1123 p. (d'après l'édition de Paris, 1875); *La Chaire française au moyen âge, spécialement au XIII^e siècle d'après les manuscrits contemporains*, Genève : Slatkine, 1974 (d'après l'édition de Paris, 1886). Outre les nombreux ouvrages et articles scientifiques de Lecoy — dont le lecteur aura un premier aperçu dans le *Catalogue général des livres imprimés de la Bibliothèque nationale*, Paris, t. 112, 1928, p. 234-241 —, signalons ses *Notes d'un assiégé (septembre 1870-février 1871)*,

Paris : Braz et Retaux, 1872, 240 p. La Bibliothèque de l'Institut de France à Paris conserve une partie de la correspondance de Lecoy (cote 4390-4391).

Je remercie mon confrère et ami Jean Le Pottier, directeur des Archives départementales du Tarn, de m'avoir communiqué de précieux et inédits renseignements sur A. Lecoy de la Marche.

# INDEX DES NOMS DE PERSONNES ET DE LIEUX

Cet index renvoie non aux pages mais aux numéros des récits et des notes correspondantes *.

* Cet index a été établi par Marie-Françoise Cranga.

Montfort (comte de) : 3, 80.
Montfort (comtesse de) : 127, 127n.
*Mont Granier (chute du)* : 144n.
Montpellier : 87/1, 87n.
Mont-Saint-Michel : 103.
Morel (cheval) : 72/4, 72n.
Nestor : 66.
Nicolas III (pape) : 145n.
Nicolas de Flavigny : 148n.
Nicolas de Gorran (frère) : 118n.
Normandie : 63.
Notre-Dame d'Angers (abbaye de) : 68, 68n.
Notre-Dame de Dijon (église de) : 97, 97n.
Notre-Dame de Paris (église de) : 6.
Notre-Dame de Roc-Amadour (église de) : 121.
Odon de Soissons : 143n.
Othon IV (empereur) : 100n.
Ovide : 148n.
Pain-et-Eau (surnom d'un chevalier) : 72/3, 72n.
Palestine : 38/1, 74.
Paris : 1, 2n, 4, 4n, 5, 6, 6n, 9n, 32n, 36, 36n, 43, 49n,
    52, 52n, 55, 82n, 83, 91, 91n, 99, 101n, 114, 114n,
    116n, 127, 129, 130n, 142, 143, 143n, 144, 145, 145n,
    147, 150n.
Péronne : 39.
*Pero et Micon (légende de)* : 122n.
Perrin Dandin (avocat) : 89, 89n.
Petit-Pont (Paris) : 114, 114n.
Pétrone : 123n.
Phèdre : 123n.
Philippe (fils de Philippe le Hardi) : 118n.
Philippe Ier : 142n.
Philippe Auguste : 17, 38, 38n, 39, 40, 41, 41n, 42,
    43, 44, 45, 46, 47, 48, 49, 49n, 83n.
Philippe le Chancelier : 32n.
Philippe le Hardi : 118n.
Pierre (saint) : 109.
Pierre de Limoges : 2n, 8n, 9n, 33n, 91, 91n, 116n,
    118n, 141n.
Pierre de Poitiers : 82n, 86n.
Pierre de(s) Vaux-de-Cernay : 23n.

PIERRE LE MANGEUR : 36, 36n.
PIERRE L'ESPAGNOL (frère) : 30.
PIERRE LOMBARD : 82n.
PILATE (Ponce) : 118.
POINTLASNE (Pierre) : 91, 91n.
POINTLASNE (Jean) : 91n.
Poitiers : 37n, 96.
Pontigny : 16/2, 16n.
PUTIPHAR : 37, 37n.
RABELAIS : 44n, 96, 96n, 103n.
RANULPHE DE LA HOUBLONNIÈRE : 39n, 47n, 145n.
RAYMOND VII (comte de Toulouse) : 58.
RAYMOND-BÉRANGER IV (comte de Provence) : 59, 59n.
Reims : 29, 115.
RENAUD DE CHAMPAGNE : 41n.
*Reun (relation de)* : 142n.
RICHARD (frère de Henri III, roi d'Angleterre) : 59n.
RICHARD CŒUR-DE-LION : 26n.
RICHARD LE BON (duc de Normandie) : 63, 63n.
ROBERT (frère de Louis VII) : 17n.
ROBERT DE SORBON : 2n, 8n, 9n, 91n, 126n, 143n.
*Robert le Diable (légende de)* : 70, 70n.
ROCAMADOUR : 121n.
ROLAND (jongleur) : 101.
ROMAIN (cardinal) : 66, 66n.
Rome : 7/3, 21n, 49, 96n.
Rouen : 7.
Saint-André (Savoie) : 144n.
Saint-Antoine de Paris (couvent de) : 127, 127n.
Saint-Denis (Paris) : 42, 49n.
*Saint-Dominique (ordre de)* : 23, 24, 84n, 127.
Saint-Germain-des Prés (tour de, Paris) : 142.
Saint-Jacques de Compostelle : 52.
*Saint-Jacques (frères de)* : 52, 52n.
Saint-Victor (abbaye de) : 36n, 114n.
Sainte-Geneviève (église de) : 114n.
SALADIN (sultan) : 50, 50n.
SALOMON : 20n, 110.
SANCIE DE PROVENCE : 59n.
SANS-SOUCI (meunier) : 45.
*Saut du Templier (le)* : 72/5.

# ILLUSTRATIONS

Le dossier iconographique commenté qui suit se voudrait un complément aux récits proposés dans le présent
ouvrage. Les images renvoient donc généralement aux
numéros des anecdotes.

*La prédication*

Prédicateur et hérétique. Miniature *Bible moralisée*. Paris, Bibl. nat., lat. 11560 (XIIIᵉ s.), fᵒ 46. L'hérétique est ici représenté comme le concurrent — illégitime et dangereux — du prédicateur. La plupart des scènes figurées de prédication des Bibles moralisées du XIIIᵉ siècle représentent le prêche comme un combat. La chaire n'est ici pas représentée, alors qu'elle apparaît dès le XIIIᵉ siècle : elle ne s'imposera dans l'iconographie qu'au XIVᵉ siècle.

Prédication de saint Bernard devant l'évêque de Châlons-sur-Marne. A droite un
ouvrier participant à la construction de l'abbaye de Clairvaux. *Ci nous dit,* ch. 705.
Chantilly, Musée Condé, 1079 (XIVᵉ s.), fᵒ 178vᵒ.

Portrait du roi saint Louis, trônant et tenant sceptre. Miniature (lettre ornée) placée au début du *Speculum historiale* ("Le miroir historial"), dédié à s. Louis. Cet ouvrage forme la première partie du *Speculum majus* ("Le grand miroir"), encyclopédie du dominicain Vincent de Beauvais (mort vers 1264) qui alimenta tout au long du Moyen Âge les sermons de prédicateurs. Dijon, Bibl. mun. 568 (XIII<sup>e</sup> s.), f° 9.

Saint Louis lit à cheval. "Saint exemplaire, il ne l'est pas seulement parce qu'il parle par exemples, il l'est aussi parce qu'il prêche d'exemple" (Jacques Le Goff). Guillaume de Saint-Pathus, *Vie de Monseigneur Saint Louis.* Paris, Bibl. nat., fr. 5716 (XIVe s.), p. 48.

*Nᵒˢ 63-87. Les chevaliers*
Chevauchée et ravitaillement d'un ensemble fortifié. Peintures murales (1280-1320)
du château de Verdon-Dessous à Cruet, près de Chambéry, en Savoie. Phot. Musée
savoisien, Chambéry. Découvertes en 1985, ces fresques formaient le décor de la
grande salle du château. Les vingt séquences de la frise (ici la 16ᵉ) rapportent sans
doute la vie d'un personnage cotoyé par les seigneurs de Verdon. Pour l'Église, le
chevalier est le soldat par excellence, celui qui doit protéger les clercs et les labou-
reurs contre ceux qui troublent la paix. D'où les vigoureuses attaques des prédicateurs contre les nobles cupides et pillards.

*Nº 76. Les tournois*
La mythologie des joutes: tournoi des chevaliers de la Table ronde; au fond, le roi
Artus montre à Lancelot Tristan qui arrive à cheval. Miniature. *Roman de Tristan.*
Dijon, Bibl. mun. 527 (XVᵉ s.), fᵒ 5vᵒ. Les tournois étaient de véritables batailles
opposant durant une journée deux groupes de chevaliers.

Tournois. *Roman de Fauvel*. Paris, Bibl. nat., fr. 146 (XIVᵉ s.), fᵒ 40vᵒ. Dans ce roman satirique, Gervais du Bus s'en prend violemment aux seigneurs, accusés d'orgueil et d'outrecuidance. Au tournant du XIIᵉ au XIIIᵉ siècle, l'Église condamne les tournois qui deviennent une activité financière faisant concurrence à l'aumône. De plus, les tournois détournent les chevaliers désœuvrés de la Croisade.

**A gauche**
*Le rire et la satire au Moyen Âge*
Personnage barbu, semblant rire. Lettre ornée. *Corpus poetarum latinorum* (ensemble d'œuvres de poètes latins). Dijon, Bibl. mun. 497 (XIIIᵉ s.), fᵒ 245 vᵒ.

**A droite**
Personnage aux trois visages: triste, riant, neutre. Lettre ornée (Q). Gratien, *Decretum*. Paris, Bibl. nat., lat. 3898, fᵒ 138.
"Toute la très riche culture populaire du rire au Moyen Âge a vécu et évolué en dehors de la sphère et de l'idéologie et de la littérature élevées. Et c'est grâce à cette existence extra-officielle que la culture du rire s'est distinguée par son radicalisme et sa liberté exceptionnelle, par son impitoyable lucidité" (Mikhaïl Bakhtine). Il reste que l'Église a cherché aussi à canaliser ce rire, en l'utilisant à son profit.

Fauvel couronné. Gervais du Bus, *Roman de Fauvel*. Paris, Bibl. nat., fr. 146 (XIVᵉ s.),
fᵒ 26vᵒ. Au rire est souvent associée la satire. Dans le *Roman de Fauvel,* Gervais du
Bus, un notaire de la chancellerie royale, s'en prend avec joie et férocité au roi, aux
grands, au pape, aux religieux..., qui "torchent Fauvel". Fauvel est un cheval fauve
qui symbolise la fausseté, l'avarice, la vilénie, l'envie et la lâcheté. Dans la seconde
partie du roman, Fauvel épouse Vaine Gloire : ils vont alors règner sur le monde...

N<sup>os</sup> 127-140.

Sorcières préparant un brouet de cra-
pauds. Ulrich Molitor, *De laniis et phito-
nicis mulieribus...,* Cologne, vers 1500,
fol. C1r° (Paris, Bibl. nat., Rés. 1459). Les
représentations de la sorcellerie, à la fin
du Moyen Age, vont s'enrichir d'éléments nouveaux, comme la préparation
de potions magiques. "1350 est une date
charnière dans l'histoire de la sorcellerie. Il semble bien que ce soit à ce
moment que tous les thèmes qui, sépa-
rément, concernaient la sorcellerie se
soient réunis dans un unique stéréotype
de la sorcière, bouc-émissaire peut-être
des grandes peurs de la Peste noire"
(Jean-Claude Schmitt).

N° 119.

Femme et mari dans leur lit. *Les cent
nouvelles nouvelles,* Paris : Vérard, 1486,
fol. C8v°. (Paris, Bibl. nat., Rés. Y2-174).
A partir du XII<sup>e</sup> siècle, le mariage s'impose comme "la clef de voûte de l'édi-
fice social" (G. Duby). Les histoires de
maris trompés occupent une place
considérable dans la littérature comique
du Moyen Âge, particulièrement dans les
fabliaux (fin XII<sup>e</sup>-début XIV<sup>e</sup> s.) puis
dans les nouvelles. Les récits exem-
plaires, quant à eux, sont aussi friands
de ce thème, mais en principe pour dis-
suader de l'adultère.

*Nº 122.*

Fille allaitant sa mère en prison. Boccace, *Le livre de la louange des nobles dames*, Paris, 1493, in-fol., fᵒ 17vᵒ (Paris, Bibl. nat., Rés. Velin 1223). L'anecdote de la jeune Romaine qui, en le nourrissant de son lait à l'insu des gardiens, sauve son père (parfois sa mère) condamné à périr d'inanition dans sa prison est rapportée comme exemple de piété filiale par Valère Maxime et d'autres auteurs latins. Elle aura un grand succès au Moyen Âge. Le thème de l'allaitement par la Vierge de ceux auxquels elle veut donner un témoignage éclatant de sa faveur (comme saint Bernard, par exemple) aura aussi un vif succès.

*N° 70.*
Robert le Diable fait mine de combattre l'empereur avec une baguette. Cette miniature qui ouvre le *Miracle de Nostre Dame de Robert le Diable* (représenté à Paris en
1375) en illustre l'une des dernières scènes ; l'ermite va bientôt ordonner à Robert
de dévoiler à l'empereur son identité ; le souverain donnera sa fille en mariage à
Robert ; le pape célèbrera la cérémonie (Paris, Bibl. nat., fr. 820 (XIV⁰ s.), f⁰ 157).
Cette légende a eu un grand succès au Moyen Âge, puisqu'elle a revêtu des formes
diverses : roman d'aventures, récit exemplaire, dit, miracle, texte imprimé, *etc.* Un
des derniers avatars en est l'opéra de G. Meyerbeer, *Robert le Diable,* créé à Paris en
1831.

Vue de la Dent du Grenier près de Montmeillan
Prise du Côté du Château des Marches.

À Paris chez BANCE rue S.t Jacques N°.59                                Dejan

"Vue de la Dent du Grenier près de Montmeillan, prise du Côté du Château des Marches" (au premier plan le lac de Saint-André, formé à la suite de l'effondrement). Gravure de Pierre Gabriel Berthault (1748-1819). Photographie Bibl. nat., Paris. Parmi toutes les catastrophes naturelles du Moyen Âge, la chute du Mont Granier, dans le massif de la Chartreuse en Savoie, à la fin de l'année 1248, fut l'une des plus meurtrières (entre 1000 et 2000 victimes). Son retentissement fut immense dans toute l'Europe.

*N° 144. L'effondrement du Mont Granier en Savoie*

L'effondrement du Mont Granier en Savoie (fin 1248). Gravure sur bois (104 x 83 mm) extraite du *Liber chronicarum* de Hartman Schedel, Nuremberg: Anton Koberger, 1493, f° 212v°.

*N° 97*
Façade de l'église Notre-Dame de Dijon (1220 - vers 1238). Elle comportait une triple frise portant 51 sculptures. Selon Étienne de Bourbon, elles furent détruites par
les usuriers de la ville. Les sculptures actuelles datent de 1881. Photographie Philippe
Gillet.

Sculpture (XIIIᵉ s.) de la façade ayant échappé à la destruction et conservée au
Musée archéologique de Dijon. En cartouche personnage dont le pouce de la main
droite tire sur la cordelette de sa cape (cette dernière sculpture vient de gagner les
collections du Musée). Photographie Philippe Gillet.

*Le rire du prédicateur.* Lectures complémentaires. Ajouts bibliographiques (1991-1999). [1]

## Les récits exemplaires au Moyen Age

J. Berlioz, « *Exempla* », dans *Dictionnaire des lettres françaises. Le Moyen Age*, 2^e éd., sous la direction de Geneviève Hasenohr et Michel Zink, Paris, Le Livre de poche, 1992, p. 437-438; *Racconti esemplari di predicatori del Due e Trecento*, Giorgio Varanini et Guido Baldassari, dir., Rome, Salerno Editrice, 1993 (I Novellieri Italiani), 4 vol. en 3 t.; Larry Scanlon, *Narrative, Authority and Power: The Medieval Exemplum and the Chaucerian Tradition*, Cambridge University Press, 1994 (Cambrige Studies in Medieval Literature, 20); J. Berlioz, « L'*exemplum* homilétique », dans *Comprendre le XIII^e siècle.* Mélanges Marie-Thérèse Lorcin, Lyon, Presses universitaires de Lyon, 1995, p. 87-96; *Exempla. Studien zur Bedeutung und Funktion exemplarischen Erzählens*, éd. B. Engler et K. Müller, Berlin, Duncker & Humblot, 1995 (Schriften zur Literarwissenschaft, 10); Claude Bremond, Jacques Le Goff et Jean-Claude Schmitt, *L'« Exemplum »*, Turnhout, Brepols, 1996, 2^e éd. augmentée (1^ère éd. 1982), avec supplément bibliographique, 1982-1995, par J. Berlioz, p. 165-176 (Typologie des sources du Moyen Age occidental, 40); Aaron J. Gurjewitsch, *Himmlisches und irdisches Leben. Bildwelten des schriftlosen Menschen im 13. Jahrhundert. Die Exempel*, traduit du russe par Erhard Glier, Dresde, Verlag der Kunst, 1997 [1^ère éd., Moscou, 1989]; *Tipología de las formas narrativas breves románicas medievales*, Grenade, Editorial Universidad, 1998 (Monografica, 40); J. Berlioz, *Catastrophes naturelles et calamités au Moyen Age. L'effondrement du mont Granier en Savoie (1248) et*

---

[1] Les *exempla* médiévaux, tout comme la prédication, ont fait depuis 1992 l'objet de nombreuses études. Je ne cite que les travaux de synthèse, où le lecteur pourra trouver de plus amples renseignements bibliographiques.

*autres essais*, Florence, Edizioni del Galluzzo, 1998 (Micrologus Studies, 1); *Les* Exempla *médiévaux. Nouvelles perspectives*, éd. J. Berlioz et M. A. Polo de Beaulieu. Préface de Jacques Le Goff, Paris, Honoré Champion, 1998 (Nouvelle Bibliothèque du Moyen Age, 47); Marie Anne Polo de Beaulieu, *Éducation, prédication et cultures au XIVᵉ siècle. Essais sur Jean Gobi le Jeune*, Lyon, Presses universitaires de Lyon, 1999; *L'animal exemplaire au Moyen Age*, dir. J. Berlioz et M. A. Polo de Beaulieu, Rennes, Presses Universitaires de Rennes II, 1999.

Bibliographie (dite Bibliex) sur les récits exemplaires, élaborée par le Groupe d'anthopologie historique de l'Occident médiéval (Centre de recherches historiques, Ecole des hautes études en sciences sociales, Paris), mise à jour régulièrement, sur le réseau Internet (site de l'EHESS): http://www.ehess.fr/centres/gahom/bibliex-Web.htm.

Le Thesaurus des *exempla* médiévaux est en cours d'élaboration (publication prévue sur CD-ROM, Turnhout, Brepols) par le Groupe d'anthopologie historique de l'Occident médiéval (10, rue Monsieur le Prince, F-75006 Paris; tél. 01 44 41 46 59; e-mail: gahom@ehess.fr).

### Récits exemplaires traduits en français

Berthold de Ratisbonne, *Péchés et Vertus. Scènes de la vie du XIIIe siècle*. Textes présentés, traduits et commentés par Claude Lecouteux et Philippe Marcq, Paris, Editions Desjonquères, 1991; Césaire de Heisterbach, *Le Dialogue des Miracles. Livre I: De la conversion*. Traduit du latin, présenté et annoté par André Barbeau, OCSO, Oka [Abbaye cistercienne Notre-Dame-du-lac, 1600 Chemin d'Oka, Oka, Québec, Canada Jon 1EO], 1992 (Voix monastiques, 6); Pierre le Vénérable, *Livre des merveilles de Dieu* (*De Miraculis*). Introduction, traduction et notes par Jean-Pierre Torell et Denise Bouthillier, CH-Fribourg, Editions universitaires/ Paris,

Cerf, 1992 (Vestigia, 9); Galand de Reigny, *Parabolaire*. Introduction, texte critique, traduction, notes et index par Colette Friedlander, Jean Leclercq, Gaetano Raciti, Paris, Les Editions du Cerf, 1992 (Sources chrétiennes, 378) [cf. J. Berlioz, « Le Parabolaire de Galand de Reigny. Notes sur une édition récente », dans *Cîteaux. Commentarii Cisterciences*, 45, 1994, p. 383-390; avec résumés des paraboles]; Gervais de Tilbury, *Le Livre des merveilles. Divertissement pour un Empereur (Troisième partie)*, traduit et commenté par Annie Duchesne, Paris, Les Belles Lettres, 1992 (La roue à livres); Claude Lecouteux, *Mondes parallèles. L'univers des croyances au Moyen Age*, Paris, Champion, 1994 (Essais, 14); J. Berlioz, *Tuez-les tous, Dieu reconnaîtra les siens. Le massacre de Béziers et la croisade des Albigeois vus par Césaire de Heisterbach*, Portet-sur-Garonne, Loubatières, 1994; Don Juan Manuel, *Le Livre du Comte Lucanor*, trad. Michel Garcia, Paris, Aubier, 1995; Juan Ruiz, *Livre de Bon Amour. Texte castillan du XIV^e siècle*, traduit sous la direction de M. Garcia, Paris, Stock, 1995 (Stock/Moyen Age); Jacques de Cessoles, *Le livre du jeu d'échecs, ou la société idéale au Moyen Age, XIIIe siècle*, traduit et présenté par J.-M. Mehl, Paris, Stock, 1995 (Stock/Moyen Age); *Le Premier Mythographe du Vatican*, texte établi par Nevio Zorzetti et traduit par J. Berlioz, Paris, Les Belles Lettres, 1995 (Collection des Universités de France); Thomas de Cantimpré, *Les exemples du Livre des abeilles. Une vision médiévale*. Présentation, traduction et commentaire par Henri Platelle, Turnhout, Brepols, 1997 (Miroir du Moyen Age) [traduction partielle]; Conrad d'Eberbach, *Le Grand Exorde de Cîteaux, ou Récit des débuts de l'Ordre cistercien*, sous la direction de J. Berlioz, Turnhout, Brepols/Cîteaux, Commentarii cistercienses, 1998; Galand de Reigny, *Petit Livre de proverbes*. Introduction, texte critique, traduction, notes et index par †Jean Châtillon, † Maurice Dumontier et Alexis Grélois, Paris, Les Editions du Cerf, 1998 (Sources chrétiennes, 436); Humbert de Romans, *Le don de crainte*, trad. G. Blangez, Turnhout, Brepols (Miroir du Moyen Age), en préparation.

## La prédication médiévale

Nicole Bériou, « Les lépreux sous le regard des prédicateurs d'après les collections de sermons *ad status* du XIIIème siècle », dans N. Bériou et François-Olivier Touati, Voluntate Dei leprosus. *Les lépreux entre conversion et exclusion aux XIIème et XIIIème siècles*, Spolète, Centro italiano di Studi sull'alto medioevo, 1991, p. 33-166; Larissa J. Taylor, *Soldiers of Christ: Preaching in Late Medieval and Reformation France*, Oxford, Oxford University Press, 1992; Roberto Rusconi, « La predicazione: parole in chiesa, parole in piazza », dans *Lo spazio letterario del Medioevo. 1. Il medioevo latino*, vol. II: *La circolazione del testo*, Salerne, 1994, p. 571-603; N. Bériou et David L. D'Avray, with P. Cole, J. Riley Smith, M. Tausche, *Modern Questions about medieval sermons. Essays on marriage, Death, History and Sanctity*, Spolète, Centro italiano di Studi sull'alto medioevo, 1994; N. Bériou, « Les sermons », dans J. Berlioz, dir., *Identifier sources et citations*, (dir. et collab.), Turnhout, Brepols, 1994 (L'Atelier du médiéviste, 1), p. 201-209; Francesco Morenzoni, *Des écoles aux paroisses. Thomas de Chobham et la promotion de la prédication au début du XIIIe siècle*, Paris, Institut d'Etudes Augustiniennes, 1995; *La Predicazione dei Frati dalla metà del '200 alla fine del '300*. Atti del XXII Convegno internazionale, Assisi, 13-15 ottobre 1994, Spolète, Centro italiano di Studi sull'alto medioevo, 1995; *La prédication en Pays d'Oc (XII$^e$-début XV$^e$ siècle)*, Cahiers de Fanjeaux, 32, Toulouse, Privat, 1997; *La Parole du prédicateur, V$^e$-XV$^e$ siècle*. Etudes réunies par Rosa Maria Dessì et Michel Lauwers, Nice, Z'éditions, 1997 (Collection du Centre d'études médiévales de Nice, 1); *Medieval Sermons and Society: Cloister, City, University*, Louvain-la-Neuve, Fédération internationale des instituts d'études médiévales, 1998 (Textes et études du Moyen Age, 9); N. Bériou, *L'avènement des maîtres de la parole. La prédication à Paris au XIII$^e$ siècle*, Paris, Institut d'Etudes Augustiniennes, 1998, 2 vol. (bibliographie exhaustive, vol. 2, p. 609-652); M. A. Polo de Beaulieu, « Prédication », dans J. Le Goff et J.-Cl. Schmitt, dir.,

*Dictionnaire raisonné du Moyen Age*, Paris, Fayard, sous presse.

## Le rire au Moyen Age

Jeannine Horowitz et Sophia Menache, *L'humour en chaire. Le rire dans l'Eglise médiévale*, Paris, Labor et Fides, 1994 (Histoire et Société, 28) [voir la recension de M. A. Polo de Beaulieu dans *Cahiers de civilisation médiévale*, 38, fasc. 152 bis, 1995, p. 40-43]; Jacques Le Goff, « Une enquête sur le rire », dans *Annales. Histoire, Sciences sociales*, n° 3, mai-juin, 1997, p. 449-455; Laurence Moulinier, « Quand le malin fait de l'esprit: le rire au Moyen Age vu depuis l'hagiographie », *ibid.*, p. 457-475; J. Berlioz, « Résumé et amplification: une fausse question? Le Premier témoignage du fabliau *Du prestre qui fu mis au lardier* chez Etienne de Bourbon ( † v. 1261) », dans *Pris-ma. Bulletin de liaison de l'Equipe de recherche sur la litérature d'imagination au Moyen Age*, ERLIMA, Poitiers, 13/2, juillet-décembre 1997, p. 137-145 ; J. Le Goff, « Le rire dans la société médiévale », dans *Un Autre Moyen Age*, Paris, Gallimard, 1999 (Quarto), p. 1341-1368 [réimpression de deux articles parus en 1989 et 1990].

# TABLE DES MATIÈRES

Composition et mise en page:
Atelier du Canal – Montrouge